Ursula Kollritsch

Das Glück wartet gleich um die Ecke

URSULA KOLLRITSCH

DAS GLÜCK WARTET GLEICH UM DIE ECKE

75 Wohlfühlorte zum Auftanken

adeo

*Für Laura, Felix, Ferdi, Viviane
– und immer auch meine Jungs.*

*Die größte Sehenswürdigkeit, die es gibt,
ist die Welt – sieh sie dir an!*

Kurt Tucholsky

Inhalt

Eine Einladung vorab …
**Denn das Glück wartet oft schon
an der nächsten Ecke** 17

1 *In der Morgensonne*
Gold tanken für den Tag 20

2 *Auf Reisen*
Glücklich unterwegs 22

3 *Am Meer*
Am Rand der Ewigkeit 26

4 *Auf dem Stoppelfeld*
Sehnsucht nach Bullerbü 28

5 *Unterm Regenschirm*
Durchs Leben tanzen 30

6 *Im Kino*
Versinken in der Lichtspielzeit 32

7 *Im Strandkorb*
Schauspiel im Sand 34

8 *Unterm Blätterdach*
Eine Krone für jeden 36

9 *Am Schreibtisch*
Auf einer Insel aus Worten 38

10 *Am Vogelhäuschen*
Wo es piept und zwitschert 42

11 *Bei der Lesung*
Und ewig schwappt das Wasserglas 44

12 *Unterm Sternhimmel*
Funkeln, strahlen, leuchten 46

13 *Im Freibad*
Pommes, Mau-Mau und Himmelblau 48

14 *Am Kiosk*
Weiße Mäuse, „Wie geht's" und Magazine 50

15 *Auf dem Liegestuhl*
Selig sind, die ausruhen 54

16 *In der Kirche*
Zwischen Himmel und Erde 58

17 *Auf dem Lieblingssessel*
Zeit für eine Tasse Tee 60

18 *Auf der Bank im Park*
Einfach mal anhalten 62

19 *Auf der Familienfeier*
Ein Hoch auf das Leben 64

20 *In den richtigen Schuhen*
Das Fundament für den Tag 66

21 *Im Buchladen*
Die ganze Welt auf Papier 68

22 *Die Zugvögel über uns*
Wenn es Frühling wird 70

23 *Im Eiscafé*
La Dolce Vita 72

24 *Im Friseursalon*
Auszeit mit Grundrauschen 74

25 *Auf der Treppe*
Von oben draufschauen 76

26 *Beim Laternenumzug*
Wenn Kinderaugen leuchten 78

27 *Unterm Weihnachtsbaum*
Stille Nacht, heilige Nacht 80

28 *Im Wald*
Baden im Grün 84

29 *Auf dem Stadtbalkon*
Extrazimmer mit Aussicht 86

30 *Bei den Nachbarn*
Fußball gucken im Hof 88

31 *Am Lagerfeuer*
Im Spiegel der Nacht 90

32 *Im Café*
Schreiben wie in Paris 92

33 *Unter der Dusche*
Quelle der Inspiration 94

34 *Im Zug*
Fliegende Landschaft 96

35 *Im Museum*
Berauscht an Farben 100

36 *Im Hotel*
Alles beginnt im Foyer 102

37 *An der Krippe*
Am Anfang ist die Hoffnung 104

38 *Im Garten*
Vom Erden, Verstecken und Aufblühen 106

39 *Im Zirkus*
Die Nostalgie der Leichtigkeit 108

40 *Unterm Dach*
Geborgen im Sturm 110

41 *Auf der Ritterburg*
Zeitreise ins Mittelalter 112

42 *Am Fluss*
Verbunden mit dem Meer 114

43 *Beim Picknick*
Das Glück auf einer Decke 116

44 *Im Gewächshaus*
Ich bin dann mal in den Tropen 120

45 *Straßenpoesie*
Wo die schönen Worte wohnen 122

46 *Unter der Kuscheldecke*
Hej, Welt, bleib draußen! 126

47 *Am Hafen*
Schiffe gucken am Kai 128

48 *Im Lieblingsrestaurant*
Speisen mit dem gewissen Etwas 130

49 *In der Hängematte*
Mit Schwung ins Sommerglück 132

50 *Auf dem Flohmarkt*
Dies, das, Ananas 134

51 *Auf der Luftmatratze*
In den Sonnenuntergang schaukeln 138

52 *Im Zelt*
Spukgeschichten mit Stockbrot 140

53 *Im Schnee*
Plötzlich glitzert es hell 144

54 *Bei der besten Freundin*
Zwischen Lachkur und Ich-selbst-Sein 146

55 *Auf der Durchreise*
Vom Glück abseits der Route 148

56 *Im Warenhaus*
Alles unter einem Dach 150

57 *Auf der Brücke*
Mach mal Brückentag! 152

58 *Vor dem Fernseher*
Teil der Geschichte sein 154

59 *Beim Bäcker*
Richtig dufte 156

60 *Auf der Kirmes*
Karussell mit Zuckerwatte 158

61 *Auf dem Berg*
Und dann, meine Seele, sei weit … 162

62 *Im Theater*
Heute mal glamourös 164

63 *Im Wind*
Flieg, Drachen, flieg! 166

64 *Im Tretboot*
Wer braucht schon Mississippi-Dampfer? 168

65 *Unter blauem Himmel*
Und dann und wann ein weißer Elefant 170

66 *Im Bauwagen*
Peter Lustig lässt grüßen 172

67 *Bei Oma und Opa*
Bratkartoffeln zum Frühstück 174

68 *Auf der Eisbahn*
Einfach dahingleiten 176

69 *Im Kräutergarten*
Heilsam verbunden 178

70 *Auf dem Weihnachtsmarkt*
Glühwein, Punsch und viele Sterne 180

71 *Am Abendbrottisch*
Was war heute am schönsten? 182

72 *Am Bahnhof*
Reisen, dass die Seele mitkommt 184

73 *In den Weinbergen*
Wo die Echsen flitzen 188

74 In der Stadt
Sehen und gesehen werden 192

75 Wieder zu Hause
Willkommen bei mir 194

Moment noch!
Von Herzen: Danke! 196

Meine ganz persönlichen Orte im Alltag
Zeit, innezuhalten und aufzutanken 200

Eine Einladung vorab ...
Denn das Glück wartet oft schon an der nächsten Ecke

„Überall ist Welt", antwortete mein Opa stets gelassen, wenn Leute ihn fragten, warum er nicht verreise. Als Bahnbeamter hätte er viele Fahrten umsonst unternehmen können. Stattdessen saß er lieber am Stellgleis oder später auf seiner Bank im Garten, unter dem Küchenfenster, und las dicke Bücher. Vielleicht war das sein ganz persönlicher Wohlfühlorte.

Getragen von diesem schönen Gedanken suche ich ebenfalls gerne das Glück vor meiner Tür und im Alltag – und dann schreibe ich darüber und halte es so ein bisschen fest.

In Worten. Wenn ich auf Reisen gehe, öffne ich die Augen für das, was leuchtet, den einen besonderen Moment, die Verbindungen zwischen Menschen und Plätzen. Denn Menschen machen Orte, und Orte prägen umgekehrt auch Menschen. Entscheidend ist, dass wir das sehen. Es tut gut, auch mal im eigenen Leben die touristische Brille aufzusetzen und sich zu freuen: über das, was ist. Darüber, was man in diesem Augenblick spüren und erleben darf. Das Schöne, das Wärmende, das Bezaubernde, vielleicht das Unglaubliche.

Wir alle kennen das: Manchmal sind die Tage richtig schwer, dann ist es, als wäre der Himmel nicht mehr blau, als hätte jemand einen grauen Filter davorgeschoben oder der Blick darauf bliebe ausgerechnet für uns versperrt. Doch ist es nicht gerade dann gut, eine Decke zu haben, unter die wir uns kuscheln können, ein Café um die Ecke, in dem der

Cappuccino mit Schaumherz serviert wird, an einer Bahnstation warten zu müssen, auf der die Messingtreppe wie Gold in der Sonne glänzt und jemand an die triste Betonwand gesprayt hat:

Hier gehts zum Glück!
⇒

Brauchen wir in herausfordernden Zeiten die schönen Momente nicht umso mehr? Und strahlen sie vielleicht heller, weil wir auch die anderen Tage kennen und erlebt haben? „Wo Licht ist, ist auch Schatten", wird oft betont. Das stimmt. – Aber erzählt der Schatten nicht umgekehrt auch von der sicheren Existenz des Lichts? Er lässt keinen Zweifel daran, dass es immer noch da ist. Ja, dass das Licht sogar zuerst da war.

Glück ist kein unerreichbarer Ausnahmezustand, auf den es ein Leben lang hinzuarbeiten gilt. Wir müssen nicht dafür kämpfen, nichts dafür leisten. Wir brauchen es uns nicht zu verdienen. Überall gibt es Schönes und Gutes zu entdecken und zu genießen, nicht nur in der Ferne. Man kann die eigenen Glücksorte finden, wahrnehmen und erleben – und immer wieder bewusst besuchen. Orte, an denen wir Luft holen, Kraft tanken, uns freuen, uns lebendig fühlen, staunen oder einfach nur dasitzen. Das kann auf der Bank im Park sein, im Strandkorb, mitten im Wald oder in einer Bildergalerie alter Meister. Im vollen Nahverkehrszug ebenso wie unter einem kunterbunten Regenschirm in der Fußgängerzone.

„Alles in der Welt ist für den da, der es sieht." Diesen Satz habe ich mal auf einem Kalenderblatt gelesen und notiert. Und es gibt wirklich viel Schönes, Sehens- und Bemerkenswertes zu entdecken – mitten im Leben, auch ohne prallgefülltes Portemonnaie. Einfach so zwischendurch ist es da, auf einmal taucht es auf, vielleicht an einem anstrengenden Tag, hinter einem vollen Schreibtisch, auf dem Weg zu einem Termin oder zwischen endlosen To-do-Listen. Es findet seinen Weg zu uns wie die Sonnenstrahlen, die am Morgen durch die Ritzen der Jalousien fallen.

Wie wäre es also, etwas Alltagsglück zu tanken? Für eine Stunde oder nur ein paar Minuten? Das Glück kann überall sein, schon vor oder hinter der nächsten Ecke. Am besten einfach dazusetzen und durchatmen ... Denn Atmen, das ist schon mal ein richtig guter Anfang. Das wissen wir alle vom ersten Moment an.

Dieses Buch ist eine herzliche Einladung. Komm mit auf eine Entdeckungsreise durch den Alltag – auf den Berg, in die Eisdiele oder leg dich mal wieder auf eine Wiese zum Wolkenbildermalen. Lass die Gedanken schweifen und die Erinnerungen aufleuchten. Und nimm diese Stationen gern als Anregung, deine eigenen Wohlfühlorte zu entdecken.

„Die größte Sehenswürdigkeit, die es gibt, ist die Welt – sieh sie dir an!", sagt Kurt Tucholsky. – Dann mal los.

Viele wundervolle, inspirierende, stärkende Glücksmomente und viel Freude mit den persönlichen Impulsen in diesem Buch

wünscht
Usch Kollritsch

1 In der Morgensonne
Gold tanken für den Tag

Früh am Morgen heißen die ersten Sonnenstrahlen uns willkommen und wir sie. Es ist, als kämen sie pur und ungefiltert bei uns an, ohne vom Stress, all den Anforderungen und Problemen des Tages aufgehalten zu werden. Nichts lenkt sie ab um diese Zeit. Wir öffnen die Fenster und Türen, und schon sind sie da, sie finden uns. Ohne Umwege. Knüpfen eine erste Verbindung vom Himmel auf die Erde. Wenn wir möchten, führen sie uns durch den Tag. Das alte Wort „Verheißung" fällt mir ein. Ich schlage im Wörterbuch nach und finde als Erklärung: „ernsthafte, feierliche Ankündigung von etwas Bedeutsamem". Feierlich – das passt doch. Dieser Tag ist ein Fest. Jeder Tag kann das sein, im Kleinen, im Großen, im Besonderen. Und was könnte das Bedeutsame sein, das sich so unbeirrt seinen Weg bahnt? Licht, Helligkeit, Wärme? Ein Anruf, ein Lächeln, eine neue Idee, eine Freude?

An vielen Orten sind mir Sonnenstrahlen am Morgen schon begegnet: Beim Aufwachen dringen sie durch die kleinsten Ritzen der Rollläden. Im Wald finden sie ihren Weg durch Baumkronen und Blätterdächer; im Bus, auf dem Weg zur Arbeit, wärmen sie plötzlich eine Schulter und die Hälfte des Gesichts, zum Anlehnen schön. Oder auch in einer Kirche. Auf einmal brechen sie durch die Geschichten erzählenden Fenster und fluten den Boden mit bunten Farben. Mutig malen sie neue Bilder auf die jahrhundertealten Steine. Einfach, weil sie es können.

Im Osten geht die Sonne auf … Bei mir ist das in der Nähe der Haustür, dort erhellt sie den Flur und lässt die Bambusblätter aus dem Garten der Nachbarin an der Wand tanzen. Wie gut, dass sie sie irgendwann gepflanzt hat.

Es gibt Vormittage, da sitze ich erschöpft und voller Zweifel an meinem Schreibtisch. Jeder kennt das. Diese Tage, an denen man mit Fragen um alles und nichts beginnt. Warum mache ich das hier eigentlich? Was kann ich überhaupt? Warum lebe ich nicht wie andere? Die Gedanken fahren Karussell und springen zwischen Leere und Vergleichen hin und her. Bis sich auf einmal die Sonnenstrahlen zwischen den Häusern gegenüber an den Dächern vorbeischieben – über die Straße, vorüber am Apfelbaum im Garten, der so früh im Jahr noch keine Blätter hat, durch die Fensterscheibe direkt in mein Gesicht. Dann schließe ich die Augen und halte einen Moment inne. Es fühlt sich an, als scheine die Sonne in diesem Moment für mich, als sehe sie mich, als schicke mir jemand eine Botschaft von über den Wolken, um zu sagen: Du bist nicht allein, das Leben ist schön.

Frühmorgens ist alles möglich. Der Tag liegt vor uns wie ein weißes Blatt Papier, noch kennt niemand die Worte und Sätze, die bis zum Abend geschrieben werden. Er ist eine Bühne, die noch keiner bespielt hat. Allein die Strahler tun ihren Job. Spot an. Das Gold einfangen, bewahren, mitnehmen. Alles auf Start. Neuer Tag, neues Glück.

Vielleicht sollten wir es der Morgensonne gleichtun? Mit all unserer Kraft das machen, was wir am besten können: leuchten. Damit es heute hell wird und warm.

2 Auf Reisen
GLÜCKLICH UNTERWEGS

Übers Reisen zu schreiben – was für eine große Aufgabe! Wo soll ich bloß anfangen? Worauf den Schwerpunkt setzen? Seit Tagen lese ich, hole Bücher aus dem Regal, in denen ich hoffe, etwas finden zu können, das mich weiterbringen kann. Ich blättere in Magazinen, gucke mir Reisedokus an. Alles, um einen Startpunkt zu haben, ein Thema, einen guten ersten Satz. Nichts!

Und so fahre ich, schreibe ich jetzt einfach mal los, um zu sehen, was kommt, was auf mich wartet. Vielleicht machen wir ja genau das viel zu selten: einfach mal anfangen, losfahren, uns hinausziehen und treiben lassen. Schauen, ob es Rückenwind oder Gegenwind gibt, uns hineinfallen lassen oder bei Windstille ruhig werden und abwarten. Bis es weitergeht. Es gibt ihn nämlich, diesen Zauber der ersten Male, wenn wir etwas tun, was wir noch nie getan haben. Es kann doch auch gut gehen!

„Ich setzte meinen Fuß in die Luft und sie trug", schreibt Hilde Domin und sagt alles mit diesen wenigen so berührenden Worten. Es geht darum, zu vertrauen, etwas zu wagen, Schritte ins Unbekannte zu machen.

Einen Ort zu besuchen, an dem man noch nie war, schärft das Bewusstsein, den Entdeckergeist. Alles kann wichtig sein: die unbekannte Blüte, nach der wir uns bücken, und die App befragen, um welche Pflanze es sich dabei handelt, die Zufallsbekanntschaft in der Bahn und, ja, das Wetter. Lass uns gern über das Wetter reden, warum auch nicht? Immerhin ist es in jedem Augenblick da, unausweichlich, es umgibt uns jederzeit, ist für alle gleich. Wenn das nicht verbindet. Der Dalai Lama rät, einmal im Jahr einen Ort zu besuchen, an dem man noch nie gewesen ist. Ich stelle mir vor, wie er dabei lächelt. Lächelnde Gesichter sind wichtig auf einer Reise. Die Menschen, mit denen wir uns auf den Weg machen, und die, denen wir zufällig begegnen. Die uns begleiten und die uns kurz zulächeln. Aus manchen Bekanntschaften werden sogar Freunde. Wenn jemand aus dem Urlaub zurückkommt, fragen wir: „Na, wo warst du?" Wir könnten doch auch fragen: Was hast du erlebt? Wer ist dir begegnet? Worüber hast du dich gefreut – und was war für dich am allerschönsten? Im Japanischen gibt es so treffende Begriffe wie *Furusato*. Man könnte ihn, wenn man es sich leicht macht, mit Heimat übersetzen. Gemeint ist allerdings ein Ort, nach dem sich das Herz sehnt. Dies kann sowohl Landschaften, Essen als auch Menschen betreffen.

Albert Einstein wiederum kannte nur zwei Arten, auf die Welt zu blicken: entweder so, als sei nichts auf der Welt ein Wunder, oder so, als ob alles ein Wunder sei.

Genau das hat sich dieses Buch zur Aufgabe gemacht, Wunder zu sehen und aufzuzeigen. Das Leben ist eine Reise, das Lesen auch und das Schreiben sowieso. Alles, was wir tun und was wir nicht tun, wo wir stehen bleiben, anhalten und innehalten oder weitergehen, ist von Bedeutung. Bei allem Verständnis für den Wunsch nach einem fixen Reiseplan, nach all-inclusive mit Liegestuhl am Pool – jeder Aufbruch ist eine Individualreise. Menschen, die zur selben Zeit im selben Hotel waren und dieselben Touren gebucht haben, können dennoch völlig Unterschiedliches erlebt haben und berichten.

„Wo auch immer du hingehst, dort bist du", weiß Konfuzius.

Früher gehörte es zum Reisen dazu, von unterwegs seitenweise Korrespondenzen zu schreiben. Zugleich auch der Versuch, das Erlebte festzuhalten, die Erfahrungen zu filtern und für sich und die Adressaten einzuordnen. Aus den ausufernden Beschreibungen des 19. Jahrhunderts, als die Menschen lange brauchten für kurze Strecken mit der Kutsche oder ewige Zeit für weite Entfernungen mit dem Schiff, sind irgendwann obligatorische Ansichtskarten geworden: „Wetter schön, Essen gut. Viele Grüße aus Rimini" – die feiere ich nach wie vor – und die heutigen WhatsApp-Nachrichten und Social-Media-Posts mit Fotostory mag ich auch.

Aber vielleicht schreibe ich diesen Sommer mal wieder einen Brief an einen Lieblingsmenschen, mit Füller auf Papier. Darin erzähle ich, was ich gesehen, gehört, gerochen und gefühlt habe unterwegs, ihm und irgendwie auch mir – damit gebe ich diesem Sommer eine Bedeutung. Und dann stecke ich etwas Lavendel ins Kuvert. Egal, ob aus der Provence oder vom Stadtbalkon. Hauptsache aus dem Herzen. Machst du mit?

Gute Reise!

3 Am Meer
Am Rand der Ewigkeit

Jeder hat sein Meer. Viele lieben die raue Nordsee mit Watt und den Sandstränden der Inseln, andere zerklüftete Buchten in Cornwall, die Alabasterküste der Normandie, den Charme der Badeorte am Mittelmeer oder den stürmischen Atlantik. Das Meer ist und bleibt ein uralter Sehnsuchtsort der Menschen. In vielerlei Weisen wurde es beschrieben, fotografiert, besungen. Von Ernest Hemingway bis Benoîte Groult, von Hans Albers bis *La mer*. Nicht zufällig zog es die impressionistischen Maler um Claude Monet hinaus an die Küste, sobald die Farbtuben to go erfunden worden waren. Anfang des 19. Jahrhunderts war das.

In ihrem Gedicht *Auf einer Insel* schreibt Rose Ausländer von einem Meer ohne Namen. Mein Meer hat einen und einen Ort: Es ist die Ostsee in Ahrenshoop, einem kleinen Künstlerdorf. Auf der Halbinsel Darß, mit der offenen See auf der einen und den Boddenlandschaften auf der anderen Seite. Und ich wette, für jeden, der schon einmal am Meer war, gibt es, wenn er wieder dorthin zurückkehrt, diesen einen Moment des Wiedersehens. Den Augenblick, wenn sich in die große Vorfreude eine tiefe Ruhe mischt … Bei mir geschieht dies an genau dieser Stelle, wo mein Sohn beim ersten Aufenthalt in Ahrenshoop mit einem vom Wind aufgeplusterten Handtuch den Strand entlangrannte, selig vor Glück, fliegen zu können. Auch Albert Einstein lag hier bereits wie ein Krokodil am Strand herum und ließ die Welt draußen einfach machen.

Das kann man wirklich bestens, auf der schmalen Halbinsel zwischen den verwunschenen Boddenlandschaften und dem weiten Meer. Die Fischerkaten mit den bunt bemalten Türen, typisch für Fischland-Darß-Zingst, sind nur die Vorhut für mein ganz persönliches Meeresglück.

Wenn ich gegenüber dem *Café Namenlos* – es heißt wirklich so – am Strandabschnitt sieben den sandigen Weg durch die Dünen hochgehe, bin ich immer ein bisschen aufgeregt. Dann, oben angekommen, öffnet sich mehr und mehr der Blick auf das endlos scheinende Wasser. Erleichterung breitet sich in mir aus und Freude: „Hallo! Du bist noch da." – Rauschend und schäumend, fröhlich und wild, manchmal still, mich teilnahmslos begrüßend. Wie es sich für eine Naturgewalt gehört. Hier, am Rande der Ewigkeit, geht es nicht um den Einzelnen. Den Horizont wie das Ende der Welt vor Augen, bin ich auf einmal sicher, dass sie dort hinten weitergeht. Die Schriftstellerin Sylvia Plath überlegt sogar, ob ihr Bild, das sie vom Meer ihrer Kindheit hat, ihre schärfste Erinnerung überhaupt ist. So, als hole die frühe Welt Atem ... Alles scheint eins, weit und ewig. Die Wellen geben den Takt an. Ihre Melodie ist es, nach der hier alles tanzt. Der Wind, ich und der kleine Junge mit dem flatternden Frotteetuch im nassen Sand.

Vor der Abreise gehe ich wieder dorthin. Oben auf der Düne drehe ich mich noch einmal um, am höchsten Punkt. Atme die frische Luft ein, unbemerkt nicke ich den Möwen zu, die auf den Buhnen sitzen.

„Auf Wiedersehen", denke ich.
„Bis zum nächsten Mal."

Während die Ostsee, die feine, unbeirrt weiterrauscht.

4 Auf dem Stoppelfeld
Sehnsucht nach Bullerbü

Ich weiß nicht, seit wann ich sie habe. Aber ich weiß noch genau, wann ich mich wieder daran erinnerte – an die Stoppelackerliebe.

Wir waren auf dem Heimweg aus dem Sommerurlaub. Bei einem kurzen Stopp auf einer Landstraße irgendwo im Nirgendwo rannten unsere Kinder auf einmal lachend und schreiend einen gelben Stoppelacker hoch, der bis zum Horizont reichte. Sie wollten partout nicht wieder ins Auto zurück. Also hockten mein Mann und ich uns an den Wegrand und schauten den Jungen staunend hinterher. Wie sie am höchsten Punkt vor Freude und piksenden Ähren kreischend verschwanden und wieder auftauchten. „Das ist es", sagte ich damals: „Der perfekte Urlaub. Das ist Bullerbü." Was sich da vor unseren Augen abspielte, war der Inbegriff von Freiheit, das Bild vom idealen Sommertag.

Den Moment leben, das ist etwas, das Kinder viel besser können als Erwachsene: versinken in einem Feld, verschwinden hinter eine Kuppe, einfach laufen und lachen. Lachen und laufen. Weil es gerade schön ist und warm und golden.

Astrid Lindgren hat die Sehnsucht nach dem einfachen Leben auf dem Land in ihren wundervollen Kinderbüchern festgehalten. Eigentlich ist dort gar nicht viel los. Die Sonne scheint, der See glitzert, die Ferien sind da. Raum für gemeinsame Zeit tut sich auf. Dann sitzt man auf dem Dach, kocht Marmelade, lernt schwimmen, sammelt Beeren und Pilze. Creating memories, Erinnerungen schaffen, wie es heute heißt.

Oder *Cover Me in Sunshine* – „Hülle mich in Sonnenschein" – in dem passenden Sommerhit der Sängerin Pink.

Meine Stoppelackerliebe ist auch so eine sonnige Erinnerung. Wenn ich im Sommer ein Feld sehe, auf dem die Strohballen liegen, dann denke ich nicht an den Jürgen-Drews-Hit *Ein Bett im Kornfeld*, sondern an die Heuernten im August. Heiße, trockene, sonnige Tage waren das, als ich klein war. Alle Männer im Dorf, auch mein Vater, halfen den Bauern der Umgebung, die Heuballen auf den langsam übers Feld fahrenden Wagen zu gabeln. Ganz selbstverständlich war das. Und was für eine unglaubliche Plackerei! Wir Kinder liefen hinterher und sammelten die Reste auf. Überall an uns klebten die piksenden Ähren. Klingt ein bisschen nach einem uralten Heimatfilm, war aber so auf dem Land in den Achtzigern. Am Abend durften wir auf dem voll beladenen Anhänger sitzen und zurück zum Bauernhof fahren, wo es ein improvisiertes Fest gab und wir auf dem Heuboden Verstecken spielten. Bis es dunkel wurde.

Meine persönliche Bullerbü-Szene vom Stoppelacker oben hat sich ebenfalls in die Erinnerung eingebrannt, seitdem schaue ich anders nach Ferienzielen und Sommerorten. Ich überlege vorab, wo wir uns so erholen können, den Ort finden, an dem wir alle einfach nur *sein* können. Ohne Stress, ohne Erwartungen, wo jeder tun und lassen kann, was er will. Das ist im Übrigen oft ein zentraler Grund dafür, warum Kinder so gerne ihre Großeltern besuchen. Weil sie dort nichts müssen, einfach Zeit haben und verbringen. Keine Schule, keine Termine, keine Verabredungen, und irgendwann fragt Oma: „Möchte noch jemand Bratkartoffeln?" – Essen kann übrigens auch so ein Verbundenheitszauber sein. Aber das ist ein anderes Thema.

5 Unterm Regenschirm
Durchs Leben tanzen

Mit dem Regenschirm ist das so eine Sache: Bleibt es trocken, nervt er in der Tasche. Regnet es, liegt er zu Hause. Das kennt jeder. Doch eigentlich könnte man sich an den bunten Farbtupfern im Alltag und ihrem Dienst erfreuen, schützen sie doch innerhalb von Sekunden vorm Nasswerden. Das mobile Dach gibt es in unzähligen Mustern und Motivwelten. Ob mit Blumen, Tieren, Stadtpanorama, Kirchenkuppel oder transparent zum Durchgucken – in jedem Fall ist es ein praktischer Lebensverschönerer. Aufspannen, einrasten, trocken bleiben. Zack! Gute Laune auf Knopfdruck.

„Im Leben geht es nicht darum, zu warten, bis der Sturm vorbeigezogen ist. Es geht darum, zu lernen, im Regen zu tanzen", wird die US-amerikanische Musikerin Vivian Greene häufig zitiert. Und wo ließe es sich ausgelassener tanzen als durch Pfützen mit einem stabilen Schirm im Duett?! Einer hat uns für alle Zeiten vorgemacht, wie das geht: der berühmteste Schlechtwettertänzer Gene Kelly in dem Spielfilm *Ein Amerikaner in Paris*. Auch wenn er zu *Singing in the Rain* den Schirm meist geschlossen hält, weil er so verliebt und glücklich ist, dass ihm die Nässe gar nichts anhaben kann. Auch eine Option.

Das hilfreiche Accessoire gab es übrigens bereits vor 4.000 Jahren. In Asien hatte es sich in einer Version aus Bambus und Ölpapier etabliert, zum Schutz der Haut gegen die Sonne sowie als Statussymbol. Schließlich erreichte das Utensil über Griechenland und Italien den europäischen

Kontinent. Anfang des 18. Jahrhunderts erfand der Pariser Kaufmann Jean Marius schließlich eine zusammenklappbare, Wasser abweisende Variante. Als Jonas Hanway um 1750 erstmals mit dem Ding durch London flanierte, soll er verhöhnt und mit Müll beworfen worden sein. Doch da es dort bekanntlich „Katzen und Hunde" regnet, war der Siegeszug des „Umbrella" vorprogrammiert.

Wer in die Geschichte dieses besonderen Wohlfühlortes eintauchen möchte, ist richtig in den Regenschirmmuseen in Sonthofen oder Weimar. Und ganze Regenschirmstraßen, leuchtend überdacht mit bunten Schirmen – wie es sie inzwischen weltweit gibt –, zaubern sicher jedem Spaziergänger ein Lächeln ins Gesicht. Allen voran die Kunstinstallation im portugiesischen Águeda.

6 Im Kino
Versinken in der Lichtspielzeit

Mein erster Kinofilm war *Eliot, das Schmunzelmonster*. Ich ging mit meiner Mutter ins Kino, vermutlich in die Nachmittagsvorstellung. Wir saßen ganz vorne und starrten, den Kopf im Nacken, nach oben. Diesem ersten Kinoerlebnis sollten viele weitere folgen. Filme, in die ich mehrmals gehen sollte wie *Zurück in die Zukunft*, Love Storys, in denen ich Händchen hielt und knutschte, danke, *Dirty Dancing*! – und solche, die mein Leben veränderten wie *Der Club der toten Dichter*. Alle diese Blockbuster hatten eines gemeinsam: Während ich in ihre Welt eintauchte – und nach neunzig Minuten wieder auf –, saß ich in einem roten Klappsessel, wahlweise mit Weingummi, Chips oder Eiskonfekt auf den Knien. Aus dieser sicheren Position heraus ließ es sich überallhin reisen. Mit *Star Wars* sogar bis in die Weiten des Alls.

Am Kino mag ich wirklich alles: die kleinen Kassenhäuschen am Eingang, die dunklen Gänge zu den Sälen, den Geruch nach Popcorn, das Plüschige im Innenraum und diese besondere Mischung aus Gemeinschaftserlebnis und Intimität. Exakt diese Erwartung wird jedes Mal erfüllt.

Wie mag es wohl den ersten Kinobesuchern ergangen sein, die am 28. Dezember 1895 Eintritt zahlten, um im *Grand Café* in Paris mehrere Kurzfilme anzuschauen? Oder etwa zur gleichen Zeit im *Wintergarten-Varieté* in Berlin? Viele sollen sogar aufgesprungen und vor dem auf der Leinwand vermeintlich auf sie zurollenden Zug geflüchtet sein. Einige Monate zuvor hatten die Brüder Auguste und Louis Lumière ihren sogenannten Kinematografen patentieren lassen. Damit gelten sie offiziell als die glücklichen Erfinder dieser Kunst, auch wenn andere die Entwicklung entscheidend mitgestalteten. Die Zeit war reif dafür, die Fotografie lernte laufen. Bald wurden die Filme länger, die Qualität der Bilder besser, auch die Show. Stummfilme wurden von dramatischer Pianomusik begleitet, Stars wie Charlie Chaplin und Greta Garbo geboren. Und in den Goldenen Zwanzigern errichtete man dann die großen *Lichtspieltheater*. Als Erbe aus dieser frühen Zeit geht in vielen Kinos ein Vorhang vor der Bühne auf, und sie tragen bis heute diesen wunderschönen Namen. Er erzählt davon, wie er die Zuschauer auf seinem weißen Strahl mitnimmt. Den können wir sehen, wie er längs durch den Saal zielt und die Leinwand flutet. In sich lauter bewegte, bewegende Bilder.

7 Im Strandkorb
Schauspiel im Sand

Im Strandkorb sitzen und lesen, so ist das Idealbild von Freizeit und Erholung, das viele vor Augen haben. Die Realität sieht jedoch oft anders aus. Bei mir jedenfalls. Auch wenn ich traditionell eine Tasche voller Bücher zum Strand schleppe und das eine oder andere auch heraushole, merke ich schnell, dass ich nicht in die Geschichte eintauche, sondern in das bunte Strandleben vor meinen Augen. Schnell verschwindet die Lektüre neben dem Sitz in der sandigen Ecke. Das Schauspiel, das am Strand gegeben wird, ist einfach zu gut. Zumal von so einem Logenplatz aus.

Die ersten Stühle aus Weidengeflecht mit Rückenschutz fertigten europäische Korbmacher bereits Ende des 16. Jahrhunderts an. Was für eine großartige Idee. Sie sollten im Haus vor Kälte schützen. Ob später an der Ostsee oder doch an der Nordsee der erste Strandkorb in der uns bekannten Art entstand, darüber streiten die Seebäder bis heute. Offiziell gilt Korbmachermeister Wilhelm Bartelmann aus Rostock als Erfinder der ebenso praktischen wie hübschen Sitzgelegenheit. Angeblich soll er für seine an Rheuma leidende Kundin Elfriede von Maltzahn ein Exemplar gebaut haben, das als Prototyp fungierte.

Dank ihm kann auch ich mich zwischen Dünen und Meer geschützt zurücklehnen an die blau-weiß gestreifte Rückwand und weiter dem Schauspiel vor meinen Augen zuschauen: Hauptdarstellerin ist die Natur, allen voran die Wellen, die sich wie auf einer Riesenleinwand in Endlosschleife hin- und herbewegen. Wie Schneeflocken, so einzigartig sind sie, keine rollt wie die andere heran. Sanft, still, wild, aufbrausend, stets berauschend, geben sie sich diesem unaufhörlichen Tanz von Wind und Wasser hin. Möwen stürzen kreischend durch die Luft, um elegant schaukelnd auf dem Wasser zu landen oder im Sturzflug das Fischbrötchen aus der Hand des Korbnachbarn zu schnappen.

Eine Hauptrolle am Strand spielt der Wind. Er macht, was er will. Weht Strohhüte vom Kopf, bläst ein Krokodil aus Gummi den Sand entlang, verfolgt von den lachenden, rufenden Kindern. Am Meer verändert sich das Wetter gefühlt in Sekunden. Dramatisch ziehen Wolken auf, malen ihre Bilder in den Himmel. Und dann sind da auch noch die Menschen. Sie errichten Burgen und Staudämme, buddeln sich ein, hechten im Sturm Federbällen hinterher, oft vergeblich. Oder brauchen, wie ich, Stunden, um bis zum Bauch ins Wasser zu schreiten. Farbenfrohe Drachen steigen dazwischen auf und mit ihnen die Blicke, die ihnen bewundernd folgen.

Irgendwann wird es Abend. Zeit für den Showdown. Die Sonne ergießt sich in einem Meer aus Orange und Gelb hinten am Horizont. Ich schiebe mein Buch endgültig zurück in die Tasche, stelle zwei Gläser auf den kleinen Klapptisch aus Holz. Jetzt gibt es Wein. Zufrieden lehne ich mich zurück, die Füße tief in den Sand vergraben. Jeder Tag erzählt seine Geschichten. Astrid Lindgren hatte so recht, als sie schrieb: „… und dann muss man ja auch noch Zeit haben, einfach dazusitzen und vor sich hin zu schauen." Wo ginge dies schöner und besser als im Strandkorb?

8 Unterm Blätterdach
Eine Krone für jeden

An einen alten, knorrigen Stamm gelehnt könnte man ewig hocken. Die Hände fühlen die feste, kühle Erde, Moos und Gras wachsen darüber. Hoch oben rauschen die Blätter im Wind. Über sich die Baumkrone als Dach, das gleichermaßen vor Sonne und Regen schützt. Jetzt heißt es die Augen schließen und an nichts mehr denken.

Wer so allein unter einem Baum sitzt, ist nicht einsam, sondern Teil eines Ganzen. Wenn man hochschaut, blitzt das Blau des Himmels durch, und die Welt beginnt sich zu drehen wie ein endloses Blätterkarussell. Vögel zwitschern unsichtbar im Geäst. Singen sie, feiern sie den Moment, flirten sie oder lästern sie über ihre Astnachbarin? Auch sie sind Teil dieser Szenerie. Wir gehören zusammen, teilen diesen Augenblick. Die Baumkronen bilden das grüne Dach des Waldes, aber es ist kein gemauertes Dach aus Ziegeln, sondern ein luftiges Gebilde, ständig in Bewegung. Es lässt das Licht durch und spendet gleichzeitig Schatten. Es lässt die Blätter mit den Sonnenstrahlen um die Wette tanzen, bietet Schutz für viele Lebewesen und gibt hin und wieder den Blick zum Himmel frei. Im Japanischen gibt es übrigens ein weiteres poetisches Wort – *Komorebi*. Es bedeutet: Lichtstrahlen, die durch Blätter von Bäumen scheinen. Ist das nicht schön?!

„Ein Baum ist eine unerschöpfliche Quelle wunderbarer Erkenntnisse", weiß der Geiger Yehudi Menuhin. In jeder Jahreszeit vollzieht sich dementsprechend Neues: Im Frühling sprießen winzige Blätter aus den kahlen Ästen und vereinen sich schon bald zu einer dichten, raschelnden Gemeinschaft. Im Sommer streben Äste und Zweige stolz und voller Kraft nach oben, im Herbst färbt sich das Laub bunt, fällt herab und wird zur Erde. Igel bauen darin ihr Winterhaus, Käfer finden Schutz. Von der einst üppig bestückten Krone bleibt das Gerippe. Bis alles wieder von vorne beginnt. Ein ewiger Kreis.

In seinem Gedicht *Ende eines Sommers* beschreibt Günter Eich, welchen Trost die Bäume spenden können. Sie sind wahre Achtsamkeitsbooster. An welchem Ort sonst könnte man so gut geborgen und angenommen sein? Wahrnehmen, was ist, und loslassen – gelten als *das* Geheimnis. Im Hier und Jetzt sein, das fällt unter dem Schutz eines Baumes besonders leicht. Der Stress mit dem Chef, die Kritik der Kollegen, die Belastungen in der Familie oder der Druck durch die eigenen Ansprüche – all das hat mit diesem Mikrokosmos nichts zu tun. Auch wenn die Präsentation im Büro am Morgen eher mittelmäßig war, die Welt unter der Baumkrone bleibt davon unberührt. Sie nimmt jeden freundlich auf, lässt uns Anteil haben an ihrer Bodenhaftung, gepaart mit dem Mut, in den Himmel zu wachsen, der Sonne entgegen. Blätter fallen in den Schoß, Ameisen laufen über die Hand, und der Wind wirbelt trübe Gedanken in die Höhe und trägt sie mit sich fort. „Bäume sind Gedichte", sagt Khalil Gibran, „die die Erde in den Himmel schrieb."

War dieses Klopfen gerade eben ein Specht und jenes Rascheln ein Reh? Wie warm die Erde ist und die Rinde rau. Wie lange der Baum wohl bereits da steht? Ob sich schon andere an seinen Stamm angelehnt haben? Und wie erging es ihnen dabei? „Na, kleine Amsel", denke ich. „Kommst du von dort oben, wo sich die Baumwipfel biegen und wiegen? Kennst du das Blatt, das aussieht wie ein Herz? Im Abendwind fiel es herab und berührte auch meins."

9 Am Schreibtisch
Auf einer Insel aus Worten

Den im Oval Office kennen wir alle. Darauf unterschreibt der jeweils amtierende US-amerikanische Präsident Papiere von weltpolitischer Bedeutung. Unter dem der Queen dösten die Corgis. Konrad Adenauers Arbeitstisch stand im Gartenpavillon. Der Schriftsteller Hanns-Josef Ortheil hat einen aus Glas, was ihn zum täglichen Staubsaugen nötigt. Die österreichische Schriftstellerin Friederike Mayröcker hatte vor lauter Stapeln und Büchern einen „Nicht-Schreibtisch" aus ihrem gemacht. Albert Einstein, dessen Schreibtisch unordentlich gewesen sein soll, wies den Vorwurf von sich, dies repräsentiere auch einen unordentlichen Geist. Schlagfertig konterte er mit der Überlegung, was dann wohl ein leerer Schreibtisch über dessen Besitzer verraten würde. Der Dichter Eduard Mörike besaß am Ende seines Lebens einen Wanderschreibtisch, fast ein Vorreiter der digitalen Nomaden und des mobilen Arbeitens von heute.

Im Haus von Jane Austen steht ein winziges Exemplar, doch von der großen Schriftstellerin ist bekannt, dass sie auch in der Küche und heimlich im Wohnzimmer unterm Stickzeug schrieb. Thomas Mann erbat sich unbedingte Ruhe während seiner Schreibzeiten und nahm den entsprechenden Tisch sogar mit ins Schweizer Exil. Virginia Woolf propagierte einen eigenen Raum für schreibende Frauen – mit Tisch! Truman Capote brauchte keinen, er schrieb seine Welterfolge im Bett.

Mein erster war der Stammtisch im Gasthaus meiner Eltern und Großeltern. Diese frühe Prägung hat dazu geführt, dass ich am liebsten „irgendwo mittendrin" schreibe, also auch am Küchentisch, auf der Couch oder im Garten. Inzwischen habe ich dennoch einen Schreibtisch, der steht umgeben von Büchern ganz nah am Geschehen, und die Glastür zum Wohnzimmer bleibt meistens offen. Früher stand er in Omas Küche. In ihrer ehemaligen Besteckschublade liegen meine Büroklammern, Post-it-Blöckchen und Klebestreifen. Was frau so braucht. Seine Platte habe ich mit Tafelfarbe gestrichen, um mit Kreide Notizen darauf machen zu können. Eine Idee, die ich in der Praxis nie umgesetzt habe.

Es ist ein Schreibtisch mit Aussicht. Ich sitze ein bisschen entfernt von der Straße, aber mit direktem Blick darauf. Für mich ist das perfekt. Ich nenne meinen Schreibtisch *meine Insel*. Von hier aus beobachte ich die Spaziergänger mit Rucksäcken auf ihrem Weg in den Wald und Kinder, die sich beeilen, rechtzeitig vor dem Gong in die Schule zu kommen. Hundebesitzer mit ihren Vierbeinern ebenso wie Nachbarn, die sich am Fenster unterhalten. In jedem Frühjahr bekommt die Zierpflaume am Zaun winzige rosa Blättchen. Passanten bleiben stehen, um sie zu fotografieren. Maximal zwei Wochen dauert dieses Schauspiel, je nach Wind und Wetter. Wenn es rosa Blüten schneit, rückt mit Macht das dunkle lila Laub nach. Die Vögel zwitschern. Bald wird es Sommer vor meinem Fenster.

Es gibt viele besondere Schreibtische zu besichtigen. Oft weniger beachtet stehen sie in Museen und ehemaligen Wohnhäusern berühmter Menschen. Dabei haben Schriftsteller von diesen unspektakulären Vertretern ihrer Art aus neue Fantasiewelten erschaffen, Wissenschaftler bahnbrechende Erfindungen gemacht und Musiker Melodien von Weltruhm komponiert.

Vor meinem Schreibtisch steigt gerade die Sonne auf. An manchen Tagen scheint sie so hell auf meinen Laptop, dass ich die Jalousien herunterlasse. Dann wirft das Licht hüpfende Schattenmuster auf meinen Tisch. Manchmal verirrt sich eine Blaumeise aufs Fensterbrett, einmal klopft ein Eichhörnchen an die Scheibe. Willkommene Abwechslungen am Schreibtisch – von dem aus man überall hinkommen kann.

10 Am Vogelhäuschen
Wo es piept und zwitschert

Wenn ich ein Vogelhäuschen sehe, denke ich sofort an den Garten meiner Eltern: Opa Ottmar – ist das eigentlich überall so, dass die Eltern für alle zu Großeltern werden, sobald die ehemaligen Kinder selbst Kinder haben? – pflegt dort über fünfzig Rosenstöcke, die er alle mit Namen kennt. *Cleopatra, Polarstern, Lucia, Marie Curie, Eden* heißen sie und blühen und duften in manchen Jahren bis in den späten Herbst hinein. Derweil bewirtschaftet Oma Johanna ihr Hochbeet mit wechselndem Gemüse und Kräutern. Sogar im Winter gibt es etwas zu ernten. Damit bekocht sie uns, wenn wir zu Besuch sind, mit ganz viel Liebe, wie eh und je.

Und nicht nur wir, auch die Tiere im Garten werden liebevoll umsorgt. Jeden Morgen vor dem Frühstück bekommen die Vögel frisches Futter und Wasser in die zahlreich im Garten verteilten Häuschen und Tränken. Wurde früher höchstens im Winter gefüttert, raten einige Experten inzwischen dazu, dies auch ganzjährig zu tun. Der Lebensraum vieler heimischer Vogelarten sei zu stark eingeschränkt und die biologische Vielfalt vielerorts gefährdet. Auch die Sorge, das Futter könne Jungvögeln schaden, haben Studien inzwischen widerlegt. In jedem Fall ist ein so hochfrequentierter Ort wie das Vogelhäuschen im Garten meiner Eltern ein Naturerlebnis der besonderen Art.

Das Futter teilen sich die Spatzen, Meisen und Rotkehlchen nämlich mit den Mäusen, die zur Freude der Kinder unter dem Vogelhaus hin und her sausen und aussehen, als würden sie Männchen machen, wenn sie sich nach etwas Leckerem strecken – vor der Ecke im Blumenbeet zwischen dem wilden Johannisbeerstrauch und den Vergissmeinnicht, die ein bisschen ungepflegt und eher nach Wüste aussieht, weil die Spatzen sie zum Lieblingsort für ihr Sandbad auserkoren haben. Was beweist: Auch Spatzen brauchen Wohlfühlorte. Ein Schauspiel, das wir staunend von drinnen durch das große Esszimmerfenster beobachten. Je länger wir dem Treiben rund um das Vogelhäuschen zuschauen, desto mehr dürfen wir Teil dieser Szenerie sein. Manchmal kommt eine Brieftaube zu Besuch, um Kraft zu tanken vorm Weiterfliegen. Wo ginge das besser als an diesem verwunschenen Ort?! Wenn die Vögel endlich satt sind, schlüpfen die Eichhörnchen aus ihren Verstecken, flink huschen sie ins Vogelhaus zum Resteessen. Im nächsten Winter werden sie es besonders gemütlich haben, vorsorglich haben sie das Kissen, das für Opas Gartenarbeit parat lag, geplündert und nach und nach die weiche Füllung stibitzt. Vom hohen Ahorn am Ende der Wiese aus beschwert sich das Krähenpaar – Oma hat ihnen noch kein Futter gebracht. Sie kennt alle ihre Vorlieben. Nur wenn sie sie füttert, fliegen sie herunter und stolzieren mutig direkt vor ihr durchs Gras.

In der dunklen Jahreszeit geht abends um fünf der Lichterbaum an. Den hat Opa selbst gezimmert und grün gestrichen, denn die Blautanne, die wir als Kinder zur Weihnachtszeit dekorierten, ist vor vielen Jahren bereits in den Himmel gewachsen. Im Frühling wird sie prächtig erblühen, in ihren Wipfeln windet sich der Blauregen zur Krone. Dann machen sich auch die Rosenknospen wieder bereit zur großen Parade – und Opa wird ein neues Kissen brauchen, um sich darauf zu knien, wenn er seine Rosen pflegt, so viel steht fest.

11 Bei der Lesung
Und ewig schwappt das Wasserglas

Es sind oft die ersten Sekunden, die darüber entscheiden, ob eine Lesung gut wird – zumindest für mich, also aus Autorinnensicht, ist das so. Als Leserin und Zuhörende empfinde ich es meist ähnlich. Ist es diese kurze Stille, bevor es losgeht, in der man hören würde, wie die berühmte Stecknadel auf den Boden fällt? Wenn dann die ersten Worte in den Raum geschickt werden und leise in alle Richtungen nachklingen, entsteht dieses unsichtbare Band zwischen Autor und Publikum. Man könnte meinen, die Leute hingen dem Lesenden an den Lippen, aber das stimmt nicht, so nah müssen sie gar nicht ran. Es sind die Worte, die die Verbindung zwischen den Menschen knüpfen, die ein Band flechten. Nichts als Worte – so wenig und doch so viel. Ohne Lärm und viel Tamtam schaffen sie das, was für uns alle so entscheidend ist: Beziehung, Verbindung, Verstehen.

Es ist wunderbar, dass es große durchorganisierte Leseevents gibt, Shows mit Beamer und Bildern und musikalischer Begleitung. Trotzdem bleibe ich eine Freundin der schlichten Angelegenheit, die gerne als „Wasserglaslesung" bezeichnet wird. Da ist ein feiner Zauber in der Komposition von Autorin, Tisch und Buch, der einen intimen Raum eröffnen kann, dieses Ich-war-dabei-Gefühl einer geschlossenen, im wahrsten Sinne des Wortes erlesenen Gruppe.

Viele haben bestimmt Loriots genialen Schluckauf-Sketch vor Augen, in dem er selbst parallel Dichter und Zuschauer spielt. Ich muss auch an ein Konzert von Reinhard Mey in einer sehr hässlichen Sportarena denken. Es gab nur einen schwarzen Vorhang, vor dem der über siebzigjährige Sänger in schwarzen Jeans und schwarzem Hemd auf eine leere Bühne trat, seine Gitarre in die Hand nahm, zu spielen begann und sofort die Aufmerksamkeit aller sicher hatte ... Frei nach Hermann Hesse lässt sich festhalten: „Dem Einfachen liegt ein Zauber inne." Das empfinde ich auch bei Lesungen so.

Diese sind übrigens eine deutsche Liebe. Im Ausland versteht das Lesepublikum nicht, warum man sich zwei Stunden in einen Raum setzen soll, um zuzuhören, wie jemand aus einem Buch vorliest, das man derweil doch auch selbst lesen könnte. Dabei ist es schön, den Ton, Rhythmus, die Geschwindigkeit kennenzulernen, in denen ein Text gedacht war. Dieses Erlebnis nimmt man danach mit nach Hause, um nun mit der Stimme des Verfassers im Ohr weiterzulesen. Das Gleiche gilt für die Momente, in denen Schriftsteller von ihrem Arbeiten und Leben erzählen, darüber, wie eine Geschichte sie gefunden hat, wie Figuren plötzlich zum Leben erwachen und Welten entstehen, die nie wieder verschwinden und nach dem Fertigstellen eines Romans einfach da sind.

Von Ernst Jandl, der als ein Urgestein aller vortragenden Autoren gilt, gibt es eine drei Seiten lange Liste mit Wünschen, die er Organisatoren von Lesungen vorlegte: vom guten Hotel bis zur Einladung ins Wirtshaus danach ist alles dabei, selbstverständlich auch das Wasserglas auf dem Lesepult.

Möge es ewig auf den Tischen stehen und leise schwappen, wenn man vor Aufregung an den Tisch stößt. Vielleicht könnte es sogar zu einem kleinen Zeichen der Hoffnung avancieren. Denn wenn es im Rahmen einer Lesung möglich ist, dass Worte – die etwas in uns anrühren, das uns miteinander verbindet – für einen Abend lang ein Band knüpfen zwischen Menschen, dann müsste das doch überall auf der Welt und in den unterschiedlichsten Situationen im Leben möglich sein.

12 Unterm Sternhimmel
Funkeln, strahlen, leuchten

Wer die Sterne am nächtlichen Himmel besonders hell sehen möchte, begibt sich am besten aufs Land, in die Natur. Dahin, wo die Lichter der Stadt das Leuchten aus dem All nicht überlagern, sodass es nicht mehr zu uns durchdringen kann. Der Himmel ist dort klar, die Luft unverschmutzt.

Das haben bestimmt viele schon einmal erlebt: Du bist im Urlaub, Hektik und Trubel sind weit weg, und du schaust staunend nach oben. – Wow! Gibt es hier vielleicht mehr Sterne als anderswo? Überall funkeln sie, bis in den hintersten Winkel der sichtbaren Weite. Verliebte in aller Welt verabreden sich, um zu einer bestimmten Uhrzeit nach oben zu schauen. Denn die Sterne leuchten überall, sie verbinden und schenken Hoffnung.

„Eine Nacht im Grandhotel ist Luxus für den Körper. Eine Nacht unterm Sternenzelt ist Luxus für die Seele", sagt Fotograf Till Eitel. Recht hat er. Es ist gerade der Kontrast von Dunkel und Hell, der die Sterne sichtbar werden lässt. Ohne die Nacht gäbe es auch kein Sternefunkeln. Vielleicht ist das auch so mit dem Glück, überlege ich. Können wir es am besten sehen, wenn es zwischen anstrengenden Zeiten hervorlugt, sich seinen Weg zielsicher bahnt wie Sternenlicht in der dunklen Nacht?

„Wie herrlich leuchtet mir die Nacht!", hat Goethe den prächtigen Sternenhimmel einst besungen. Und Jahrhunderte später auch der Neue-Deutsche-Welle-Sänger Hubert Kah. Schon immer haben die Sterne Menschen fasziniert. Wissenschaftler bauten Instrumente, mit denen sie die leuchtenden

Himmelskörper besser sehen können, Raketen, mit denen sie ins All fliegen, so nah an die Sterne heran wie nur möglich, um dem Geheimnis der „unendlichen Weiten", wie es im Intro zur TV-Serie *Raumschiff Enterprise* heißt, näherzukommen.

Andere haben die Sterne in Bildern zusammengefasst, unzählige Legenden erzählen ihre Geschichten: etwa die vom Jäger Orion, den Artemis in den Himmel schickte, um ihn immer bei sich zu haben. Oder die von Andromeda, die Zeus als Belohnung für ihre unglaubliche Tapferkeit zum Sternbild gemacht haben soll. Manchmal scheint es, als lösten sich Sterne vom Himmelszelt und stürzten aus dem Weltall zu uns auf die Erde. Sternschnuppen nennen wir diese Meteoriten, die in wenigen Sekunden wie Lichtstreifen über den Nachthimmel sausen und im Nu verschwunden sind. Es sind kleine Gesteins- oder Eispartikel aus dem Weltraum, die durch den Luftwiderstand verglühen, wenn sie auf die Erdatmosphäre treffen. Wer eine Sternschnuppe sieht, darf sich etwas wünschen. Die Wahrscheinlichkeit, dies zu erleben, ist am höchsten während der Perseiden im August und der Leoniden im November. Dann regnet es Sternschnuppen, und Wünsche steigen zurück in den Himmel. Wer sich in einer dieser Nächte draußen an einen Ort begibt, der günstig dafür ist, dieses Lichtphänomen zu bestaunen, kann also Glück haben.

Während ich an diesem Text arbeite, ist es Tag. Zwischen den Seiten, die entstehen, übe ich mit meinem Sohn Physik. „Die Sonne ist ein Stern", steht da in seinem Heft und: „Sterne leuchten von selbst." Das wünsche ich mir auch: von selbst zu leuchten, von innen. Es gelingt nicht immer, oft lasse ich zu, dass das Dunkle wichtiger, bedeutender, größer ist. Aber manchmal ist es da, dieses warme, helle, leichte Grundgefühl, an diesen Tagen …, wenn der Himmel klar ist, die Luft rein und die Sterne funkeln. Und hoffentlich an vielen weiteren auch.

 Im Freibad
Pommes, Mau-Mau und Himmelblau

Auf der warmen Bank am Rande des Schwimmerbeckens zu sitzen, den Blick auf die glatte blaue Fläche gerichtet, die am frühen Morgen wie ein Spiegel vor mir liegt, ist pure Meditation. Die Atmosphäre ist ruhig und frisch. Einige Frühaufsteher ziehen ihre Bahnen und ich das Handtuch fester über die nassen Schultern. Hinter dem Zaun steigt die Augustsonne langsam höher und lugt über die Sträucher. Sie kommt jeden Tag hierher. Ich war viele Jahre nicht da. Doch das Freibad ist Heimat und ein wunderbarer Ort, um die Erinnerungen fließen zu lassen …

Nicht weit von hier war das Haus meiner Großeltern, dahinter im Garten, am Hang dort, stand der schönste Kirschbaum aller Zeiten, auf dem es sich herrlich klettern ließ. Ich sehe alles genau vor mir: wie meine Schwester und ich durchs Küchenfenster steigen und Opa auf der Bank darunter fast auf den Kopf hüpfen, wie wir uns zwischen Johannisbeersträuchern verstecken. Stühle auf dem Garagendach zum Spielen aufstellen, sonntags durchs Dorf in die Kirche gehen, Wurstbrote vertilgen, von Oma geschmiert, kleine Bäche, die durch die Gassen plätschern, Brücken, Zwiebelturmkirchen, gelbe Stoppelfelder ringsherum, und alles ist golden und warm.

Einige Jahre später habe ich im Teenageralter die ganzen Ferien im Freibad verbracht. In einem anderen, aber es war besser als jede Urlaubsreise. Nichts fehlte uns, alles war da: Freunde, Himbi-Eis (warum gibt es die wunderbare Sorte eigentlich so selten?), Mau-Mau, Pommes, Denise-Romane und Bravo-Heftchen. Zwischendurch ins kühle Nass springen oder vom Beckenrand die Füße ins Wasser baumeln lassen. Zeitlos. Sehnsuchtslos. Lebendig. Flirrend. Einfach Sommer.

Ganz selbstverständlich nur sein, ohne darüber nachdenken zu müssen. Tag für Tag im Grünen liegen, im Blau abtauchen. Vor Jahren las ich einen Artikel des Journalisten Till Raether. Darin ging es darum, wie sich nach dem Sommerurlaub junge Paare und Familien in der Siedlung trafen und reihum von ihren Urlaubserlebnissen berichteten. Weite Reisen in ferne Länder hatten sie unternommen, Besichtigungen gemacht, vielleicht ihre nörgelnden Kinder an berühmten Hotspots und Sehenswürdigkeiten vorbeigeschleift. Richtig erholt hatten sich die meisten dabei kaum. Das war nur einer Familie richtig gelungen. Diese hatte ganz unspektakulär die Großeltern in Speyer besucht, wo sie jeden Tag ins Freibad gegangen waren und immer an demselben Platz auf der Liegewiese ihre Badetücher ausgebreitet hatten. Plötzlich erschien dieser ganz normale Ort allen Weitgereisten als Sehnsuchtsziel Nummer eins.

Auch in Ewald Arenz' preisgekröntem Roman *Der große Sommer* spielt das Freibad eine bedeutende Rolle beim Erwachsenwerden. Schon Cover und Titel wirken wie eine Art Trigger, der uns auf Anhieb mit allen Sinnen zurückkatapultiert in unsere schönsten Sommer. Sofort wissen wir wieder genau, wie es dort riecht, aussieht, schmeckt, sich anfühlt: das Piksen von Gras unter den Füßen, die Bastmatte unterm Arm und die Abkühlung ganz nah. Sogar der typische Lärm- und Kreischpegel, der bei hochsommerlichen Temperaturen und ab Mittag zunimmt, hat durch sein gleichbleibendes dauerhaftes Grundrauschen fast etwas Meditatives.

14 Am Kiosk
Weiße Mäuse, „Wie geht's" und Magazine

Schon mal von Fred III gehört? Er ist ein typischer Vertreter seiner Art – der Kiosk um die Ecke. Wie viele seiner „Kollegen" ist er nach außen nur ein vollgestelltes Ladenfenster in einem Wohnviertel mit winzigem Lagerraum dahinter, der gut einen neuen Verputz vertragen könnte. Andere sind begehbar, eine Minivariante des Tante-Emma-Ladens in einer Häuserzeile oder ein freistehendes, wenn auch kleines Häuschen – irgendwo mittendrin im Stadtleben. Mit ein, zwei Barhockern davor, Stehtischen daneben, alternativ einem Biergarten-Ableger mit Plastikstühlen dahinter. Doch meistens stehen die Kunden herum um diesen Treffpunkt an der Ecke, der für viele ein Ort zum Auftanken ist.

Nicht wenige Städte und Regionen rühmen sich als Hauptstädte der deutschen Kiosk-Kultur, allen voran das Ruhrgebiet mit seinen „Trinkhallen", deren Name beeindruckender klingt, als die Realität einlöst. Im Rheinland nennt man sie daher auch eher meistens „Büdchen". Noch schöner finde ich den Begriff der Frankfurter, die ihre Kioske traditionell „Wasserhäuschen" nennen. Auch die Berliner haben eine Verniedlichungsform für die unkonventionellen Lädchen gefunden: Ihr „Späti"-Konzept des Nacht- oder 24-Stunden-Ladens verbreitet sich seit einigen Jahren samt Bezeichnung in ganz Deutschland. Und wie wir aus Robert Seethalers Roman *Der Trafikant* wissen, heißen sie in Österreich „Trafik".

Unabhängig vom Namen ist es schön, dass es sie gibt. Ihr Sortiment besteht klassischerweise aus Getränken, Tabakwaren, Süßigkeiten, Zeitungen und Zeitschriften. Und wo kann man sonst bis in die späten Abendstunden ein kühles Bier, Limo, weiße Mäuse, Chips und Colaschnüre auf die Hand kaufen sowie einfach einen kurzen Schnack mit dem Inhaber oder einer zufällig dort getroffenen Nachbarin halten.

„Frisch heute." – „Ja, unangenehm, der Wind." – „Finde ich auch."

Und beim Blick auf den Zeitungsständer: „Und die Politik." – „Ja, mein Gott." – „Hören Sie auf." Damit das Leben im Allgemeinen und Besonderen meinend.

„Da helfen bei mir nur Gummibärchen." – „Wie wär's mit einem Kaffee?" (Lächeln, bevor man sich wieder in sein Schneckenhausleben zurückzieht.) Denn das ist neben den Dingen, die man hier kaufen kann, wenn alle anderen Läden noch nicht offen sind oder schon zuhaben, mindestens genauso wichtig: Kioske sind Treffpunkte.

Ihren Ursprung hat die Kiosk-Kultur im Osmanischen Reich, das Wort heißt im Türkischen „kösk" und im Mittelpersischen steht es für „Gartenhaus", das als Tee- oder Raucherstube diente. Im 19. Jahrhundert breitete sich die Budenidee in Europa aus und fand schnell Anhänger. Die ersten Kioske waren kleine, transportable Holzhäuschen, die vor allem der aktuellen Information und zum Zeitungsverkauf dienten. Sie standen oft an belebten Straßenecken oder in Parks. Nach und nach erweiterte sich das Sortiment, sodass man sich dort nach der Arbeit, zum Feierabend und vor einem Kino- oder Theaterbesuch ein Getränk oder kleine Speisen kaufen konnte. In den Fünfzigerjahren folgte der Fernsehboom, damals besorgte man sich am Büdchen die neueste Programmzeitschrift.

Manche Kioske sind richtig berühmt. Dazu gehört das sogenannte „Bundesbüdchen" im ehemaligen Bonner Regierungsviertel, unweit des ehemaligen Bundestages. Dort konnte man Helmut Kohl, Norbert Blüm und Jürgen Trittin beim Zeitungskauf antreffen. 2019 eröffnete es nach vielen Jahren Pause neu – zur Freude der Einwohner und Touristen.

Mein persönlicher Kioskheld heißt, wie oben erwähnt, Fred III. Woher der Name stammt, kann ich nicht sagen, nicht mal, ob es jemals einen echten Fred dazu als Inhaber gegeben hat. Aber im Zuge der Buchrecherche habe ich mit Freude gelesen, dass er immer noch schmucklos wie eh und je in der Mainzer Neustadt residiert. Dort hat er mir als gegenüber wohnender Studentin dank seiner unkonventionellen Öffnungszeiten und eines breiten Sortiments von Wein bis Spaghetti so manches Wochenende gerettet. Und wenn bei uns heute – ich lebe längst woanders – an Sonntagen etwas fehlt, rate ich augenzwinkernd: „Wir müssen zu Fred III."

Hoch soll er leben – er und seine vielen Kollegen!

15 Auf dem Liegestuhl
Selig sind, die ausruhen

„Der Weg ist das Ziel." – Diesen Satz hat wohl jeder schon einmal gehört. Auf dem Weg in den Norden haben wir einmal ganz zufällig so ein Zwischenziel gefunden, das uns unerwartet innehalten, nachdenken und zur Ruhe kommen ließ. Bei Regen im Rheinland gestartet, entschied meine Familie spontan, in Bremen Station zu machen. An der Weser schien an diesem Nachmittag die Sonne, und auf einem Spaziergang durch die Gassen der Altstadt eröffnete sich plötzlich ein großer gepflasterter Platz, auf dem die Kirche *Unserer Lieben Frauen* steht.

Aus der Ferne leuchtete uns rund um das imposante Gebäude unweit des Stadtmusikantendenkmals eine Fülle bunter Punkte entgegen. Beim Näherkommen erkannten wir schließlich, wobei es sich bei den Farbflecken handelte: Entlang des Gebäudes standen Liegestühle aus Holz in überraschender Vielfalt. Denn die Stoffbahnen ihrer Sitzflächen waren, wie wir entdeckten, bedruckt mit *Seligpreisungen* der besonderen Art. Im sprachlichen Duktus angelehnt an die bekannten Vorbilder aus der biblischen Bergpredigt, auf unser Leben bezogen neu interpretiert. Wir waren fasziniert. Staunend, lachend, schweigend, lesend, suchend, findend umkreisten wir die alte Kirche. Zu wem passt welcher Stuhl? Wer bekommt welchen Segen? Worauf möchten wir uns am liebsten setzen und entspannt zurücklehnen? Das fragten wir uns und nahmen nach und nach auf verschiedenen Sitzgelegenheiten Platz. Die unerwartete Begegnung mit den umgewandelten Bibelversen stellte ganz selbstverständlich so vieles, was in unserem im Alltag oft unbemerkten Schubladendenken feststeckte, auf den Kopf. Hier durfte plötzlich jeder Mensch sein und bleiben, wie er oder sie ist. Ich musste an meine Mutter denken, deren Credo lautet: „Was der Mensch ist, muss man ihm lassen." Genau das schien hier mit einem Mal möglich. Fröhlich und kunterbunt gesegnet konnten auch wir uns einfach anlehnen, uns die Sonne aufs Gesicht scheinen lassen und vertrauensvoll in den Himmel blicken. Geschenktes Glück.

Take place – finde deinen Platz! heißt die Aktion der Stadtmusikantenkirche passenderweise. Pfarrer Stephan Kreutz und Pfarrerin Julia Winter haben sich zusammen mit Gemeindemitgliedern diese überraschenden Seligpreisungen überlegt. „Eine Bibel zum Weiterschreiben", heißt es auf der Internetseite.

Worte, die mitten auf dem Weg auf einmal alles ganz leicht machen, auf- und durchatmen lassen.

Dies sind meine liebsten ...

SELIG SIND DIE **LANGSAMEN**,
    DENN SIE EHREN DIE ZEIT.

SELIG SIND DIE **MUTIGEN**,
    DENN SIE BRECHEN DAS SCHWEIGEN.

SELIG SIND, DIE **LACHEN**,
    DENN SIE MACHEN DAS HERZ LEICHTER.

SELIG SIND DIE **NACHDENKLICHEN**,
    DENN SIE LASSEN SICH ZEIT.

SELIG SIND DIE **VERRÜCKTEN**,
   DENN SIE SEHEN DIE WELT ANDERSHERUM.

SELIG SIND DIE **ERSCHÖPFTEN**,
   DENN SIE ZEIGEN UNS DIE GRENZEN.

SELIG SIND DIE **STILLEN**,
   DENN SIE SIND GANZ BEI SICH.

SELIG SIND, DIE **ZUHÖREN**,
   DENN SIE SCHENKEN UNS DIE ZEIT.

SELIG SIND, DIE **TANZEN**,
   DENN SIE BEWEGEN DIE WELT.

SELIG SIND DIE **BESORGTEN**,
   DENN SIE HABEN EIN WEITES HERZ.

SELIG SIND, DIE **SCHENKEN**,
   DENN SIE GRÜSSEN UNS VON GOTT.

SELIG SIND DIE **NEUGIERIGEN**,
   DENN SIE DÜRFEN AUF WUNDER HOFFEN.

Ich würde noch ergänzen:

SELIG SIND, DIE **LIEBEN**,
   DENN SIE MACHEN DEN HIMMEL WEIT.

Wen möchtest du seligsprechen? Und welche Preisung passt am besten zu dir? Versuch es auch mal, es macht richtig Spaß.

....

....

....

....

....

....

Vielleicht schreibst du dir deinen Favoriten auf einen Zettel und hängst ihn dir an den Spiegel, legst ihn auf den Frühstückstisch oder nimmst ihn mit zur Arbeit. Für einen seligen Start in einen Tag, der auf Wunder hoffen lässt und vielleicht im besten Sinn einmal die Welt auf den Kopf stellt. Denn – siehe oben:

Selig sind …

16 In der Kirche
Zwischen Himmel und Erde

Womit soll ich anfangen, wenn es um die Kirche als Ort geht? Hat doch jedes dieser oft sehr imposanten Gebäude seine eigene, meist jahrhundertealte Geschichte, über die es Bücher und Bände zu füllen gäbe. Jahrzehnte oder noch länger haben Menschen an ihnen gebaut, Stein für Stein, allen Beschwernissen und Hindernissen zum Trotz. Um ihren Gott zu ehren. Manche, wie der Kölner Dom, sind bis heute nicht fertiggestellt.

Vielleicht fange ich damit an, dass ich die ältesten Kirchen besonders mag, die romanischen. Ja, die weichen Rundbögen sind mir lieber als spitze, aber das ist es nicht nur. Romanische Kirchen sind viel einfacher und weniger prunkvoll gestaltet. Sie wollen selbst nicht im Vordergrund stehen; es sind Orte der Stille, Häuser für Gott. Wenn ich mit unseren Kindern eine Kirche besichtige, nerve ich sie nicht mit den Einzelheiten wie die, die wir früher in der Schule auswendig lernen mussten. Stattdessen setzen wir uns für ein paar Minuten in die Bank, schauen das Kirchenschiff entlang, betrachten die Bilder und Statuen, den Altar, die Fenster. Vielleicht zünden wir eine Kerze an für uns selbst und für die Welt. Um zu erklären, aus welcher Epoche das Bauwerk stammt, frage ich schließlich: „Und wie fühlst du dich?"

Da gibt es nämlich große Unterschiede in der Herangehensweise, im Welt- und Gottesbild der jeweiligen Zeit. In der romanischen Epoche – je nach Region von 950 bis zum 13. Jahrhundert – wollten die Menschen Gott ein Haus auf Erden bauen. Die Mauern ihrer Kirchen sind stark, das Licht darf durch die meist wenig verzierten Fenster fallen. „Er kommt zu uns, lasst ihn uns einladen, machen wir es ihm schön", dachten die Erbauer damals.

Die gotische Bauweise erzählt eine andere Geschichte. Da geht die ganze Aufmerksamkeit nach oben, die Spitzbögen und hohen Säulen lassen alles Meter für Meter in den Himmel wachsen, so hoch wie möglich. Denn dort wartete, so der Fokus, das Reich Gottes, während auf der Erde Dunkelheit herrschte. Diese Stimmung herrscht bis heute in den Kirchen aus dieser Epoche. Allen gemeinsam ist die Stille. Auf steinernen Kirchenböden kann man, wenn nicht gerade Gottesdienst ist oder der Organist übt, eine Stecknadel fallen hören. Besucher können mit sich und ihren Gedanken einfach da sein, hier dürfen sie zur Ruhe kommen. Viele Kirchen stehen werktags offen, sodass man hineingehen und Platz nehmen kann.

Vor einigen Jahren habe ich an der Langen Nacht der Kirchen in Bonn teilgenommen. Viele Kirchen hatten dafür ihre Türen geöffnet, boten mit zahlreichen Akteuren vorbereitete Programme. Es wurde Theater gespielt, gesungen, getanzt. Vielerorts waren Ausstellungen zu aktuellen Gesellschaftsthemen aufgebaut. Müde und voller Eindrücke machten wir noch einen letzten Abstecher in eine Kirche in einer Seitenstraße. Als wir durch die schwere Holztür eintraten, blickten wir in einen stillen, kaum beleuchteten Raum, vereinzelt saßen Besucher in den Bänken. Nur vorn im Altarraum flackerten Teelichter auf dem Boden. Leise gingen wir durch das Kirchenschiff nach vorn, die andächtige, fast heilige Stimmung aufsaugend. Beim Hinausgehen schilderten wir dem Pfarrer unseren Eindruck und unsere Verwunderung darüber, dass in seiner Kirche gar nicht so viel organisiert worden war, um zu beeindrucken. Er hob lachend die Schultern und sagte: „Man kann dem lieben Gott ruhig mal was zutrauen."

17 Auf dem Lieblingssessel
Zeit für eine Tasse Tee

Manchmal will der Kopf nicht mehr denken, planen, kreativ sein. Dann ist es Zeit für ein paar Minuten Ruhe und einen Perspektivwechsel. Und dafür muss man nicht mal aus dem Haus. Mein Tipp heißt nämlich: Erst eine schöne Tasse Tee kochen und dann eine Pause auf dem Lieblingssessel einlegen. Von hier sieht die Welt schon etwas anders aus. Einen schnellen Blickwechsel kann nämlich schon ein neuer Sitzplatz bieten, irgendwo in der Wohnung. Wer vom Schreibtischstuhl zum Beispiel auf den gemütlichen Sessel wechselt, verändert auf jeden Fall seine Haltung und gönnt sich eine wertvolle Auszeit. Beim Trinken kann man sich ganz auf den Tee in der Tasse konzentrieren, seinen Geschmack bewusst wahrnehmen, den Geruch, die Wärme, die sich dank ihm ausbreitet.

„Der Frieden liegt im Tee", sagte Frank Berzbach in einem Gespräch für meinen Podcast *Bücher feiern*. In seinen Büchern über Kreativität und Schönheit geht es meistens irgendwann, irgendwie, irgendwo auch um Tee. Und dieser Satz aus dem Zen-Buddhismus hat sich mir eingeprägt, er drängt sich seitdem immer wieder in meine Gedanken. Kein Wunder, ich bin Teetrinkerin. Ohne Tee kann ich nicht gut denken, nicht arbeiten, nicht schreiben. Fast jederzeit steht bei mir irgendwo eine Kanne mit warmem Tee. Für mich, die Familie oder jemanden, der spontan vorbeischaut. Dann ist es vielleicht gerade stressig oder nicht aufgeräumt, aber für einen Tee ist meistens Platz und Zeit. Auch bei *Alice im Wunderland* ist immer Zeit für Tee. Wasser für einen Tee aufzusetzen, ist am

Morgen auch das Erste, was ich nach dem Aufstehen tue. Rituale, die gleichen Dinge zur gleichen Zeit tun, auch darin liegt etwas Friedliches, Vertrautes. Wie im Tee.

Manchmal gibt es Tage, an denen alles anstrengend ist, gefühlt vielleicht sogar nichts wirklich gut. Dann brüht man sich einen Tee auf, wählt eine schöne Porzellantasse aus, eine Teeschale oder eine, die ein Herzensmensch geschenkt hat. Dann die dampfende, klare Flüssigkeit einfüllen und mitnehmen zum Lieblingssessel. Jetzt ist es so weit. Zeit, einfach dazusitzen und Tee zu trinken. Nur das. Nicht mehr. So viel.

„Geh Tee trinken!", antworten buddhistische Zen-Meister daher auch ihren Schülern auf Fragen aller Art. Tu etwas anderes, etwas Einfaches, Klares. Fokussiere dich, wärme dich. In China lautet ein Sprichwort: „Tee trinken, den Lärm der Welt vergessen." Der vietnamesische Mönch und Schriftsteller Thích Nhất Hạnh riet: „Trink deinen Tee langsam und ehrfürchtig, als wäre er die Achse, um die sich die Welt dreht." Dazu fällt mir unser „Abwarten und Tee trinken" ein. Man könnte es vielleicht als ein Wegschauen oder Verdrängen interpretieren, dabei steckt darin das Potenzial zum Gegenteil. Im Sessel sitzen und Tee trinken – das bedeutet, sich zu fokussieren auf den Augenblick. Daraus kann wieder Neues entstehen. Wie aus Langeweile. Kreativität und Kraft entspringen nicht aus dem Höher, Schneller, Weiter, sondern aus dem vermeintlichen Nichtstun oder einem Moment, in dem ich etwas ganz anderes tue.

Die private Teatime dauert etwa fünfzehn Minuten. Da sind der Sessel, die Tasse und der Tee, der darin ruht. „Der Frieden liegt im Tee" – das heißt auch: Der Tag kann noch so stürmisch sein, aber diese Zeit für sich genommen ist still und goldfarben und von innen wärmend. Wir dürfen gespannt sein, was aus solchen Momenten entsteht.

18 Auf der Bank im Park
Einfach mal anhalten

Da steht sie – die Bank im Park. Direkt an einem der Hauptwege. Hinter ihr zwitschern Vögel in einer dichten Hecke, vor ihr öffnet sich der Blick auf einen Teich und hinüber zur alten Eiche. Jeden Morgen laufen Jogger vorbei, in der Mittagspause hasten Mitarbeiter aus den nahen Büros vorüber. Nachmittags kommen Eltern, die ihre Kinder aus der Kita abgeholt haben und jetzt noch schnell zum Supermarkt müssen. Die meisten beachten sie gar nicht, einige wüssten vielleicht nicht einmal, dass sie dort steht. Ein örtliches Unternehmen hat sie gestiftet, wie eine messingfarbene Plakette auf der Rückseite der Lehne verkündet. Das „Herzlich willkommen", das eigentlich auf ihren braunen Holzbalken steht, ist unsichtbar. Ebenso das „Halt an, komm, setz dich hin, sei da und schaue …"

Viele Parks waren früher den Adligen vorbehalten, die dort lustwandelten und ihre neueste Garderobe zur Schau stellten. Erst im 19. Jahrhundert öffneten Parks und Gärten ihre Tore für alle Bürgerinnen und Bürger. Liebespärchen gingen Händchen haltend spazieren oder verabredeten sich aus Mangel an anderen Treffpunkten an einer Bank im Park, möglichst an einer, die abgeschieden lag. Der Maler August Macke malte die, auf der er seine zukünftige Frau Elisabeth zum ersten Mal küsste, von Rosen umrankt.

Denkt man an berühmte Bänke im Film, fällt einem die Bank ein, auf der Forrest Gump seine Lebensgeschichte erzählt. Heute ist sie im *Savannah History Museum* ausgestellt. In der romantischen Komödie *Notting Hill* sitzen die Schauspieler

Hugh Grant und Julia Roberts auf einer Bank, auf der eingraviert ist: „Für June, die diesen Garten liebte, von Joseph, der immer neben ihr saß".

Die bunte Mosaikbank in Barcelonas Park Güell von Antoni Gaudi hat mit einer normalen Parkbank wenig zu tun, das schlangenförmige Kunstobjekt dient dennoch als Ort zum Hinsetzen und natürlich als beliebtes Fotomotiv. Gleich vier Bänke stehen am Düsseldorfer Rheinufer im Karree, sodass die Sitzenden sich anschauen. „Kommunikationsquadrat" heißt die Installation der Konzeptkünstlerin Maria Nordman aus dem Jahr 1979. „So sitz' ich Stunden wie gebannt, im Gestern halb und halb im Heute", schreibt Annette von Droste-Hülshoff in ihrem Gedicht mit dem passenden Titel *Die Bank*.

Egal, wo Bänke stehen, sie laden ganz praktisch dazu ein, anzuhalten, innezuhalten und Platz zu nehmen. Vielleicht für ein paar Minuten oder für eine ganze Weile diesen Ort mitzuprägen, Teil davon zu sein. Einfach mal ungeplant einen Zwischenstopp einzulegen und zuzuschauen, wie die Großeltern mit ihren Enkeln Enten beobachten, wie die Schmetterlinge um den Flieder tanzen; zu lauschen, wie die Eichenblätter rascheln, und sich darüber zu freuen, wie sie sich als flackernde Schatten auf der Wiese spiegeln. Vielleicht einfach mal tief durchzuatmen, ein und wieder aus, weil das Wetter doch viel besser ist als auf der Wetter-App angekündigt. Weil die Sonne durch die Wolken scheint und ihren Weg zu genau diesem Fleckchen Erde findet. Weil Erinnerungen hochkamen an eine andere Bank, in einer anderen Zeit, in einem anderen Park. Oder vielleicht, weil hier jemand sitzt, jeden Tag, ganz allein. Weil man ihn schon oft in Eile und aus dem Augenwinkel gesehen hat und heute, genau heute, der Tag ist, an dem man sich dazusetzen wird, um zu sagen: „Wie schön, dass genau hier diese Bank steht, finden Sie nicht auch?"

19 Auf der Familienfeier
Ein Hoch auf das Leben

Wer kommt, der kommt – das war und ist in meiner Familie die Geburtstagsregel. Plus: Geburtstag ist Geburtstag, wenn es gilt, wird gefeiert. Oft kamen dann früher, zum Beispiel am Ehrentag der Großeltern, auch die Verwandten, die man übers Jahr wenig sah. Ich kann mich noch gut erinnern, wie sie sich lange im Flur stehend begrüßten und ebenso ausgiebig verabschiedeten. Dass die „Tanten", eigentlich Patenkinder, Nichten und Neffen meiner Großeltern, volle Taschen mit Geschenken dabeihatten, Blumensträuße, Weinflaschen, Riesenpralinenkartons, die sich sonst keiner gönnte, und Katzenzungen. Katzenzungen waren für meine Schwester und mich das wertvollste Konfekt überhaupt. Wir hatten keine Ahnung, dass die Pralinen gar nicht so teuer waren. Für uns waren die Schachteln mit den süßen Kätzchen vorne drauf und die dünnen, geschwungenen Schokoladenstückchen, die wir uns längs auf die Zungen legten, bis sie zerschmolzen, das Allergrößte. Auf dem Tisch standen diese dicken Salzstangen, auch so eine Geburtstagsausnahme, die meine Oma in Trinkgläsern drapierte. Wir saßen und aßen und tranken gefühlt den ganzen Tag und Abend lang. Die Gedecke wechselten für Torte zu Würstchen – und die Tischgespräche von „Weißt du schon?" zu „Weißt du noch?".

Egal in welcher Besetzung, es gab immer einen Onkel mit komödiantischem Talent, der Anekdoten so anschaulich erzählen konnte, als seien sie wirklich passiert, und Witze ausgiebig zelebrierte, dass einem der Bauch wehtat vor Lachen.

Oft immer wieder dieselben, denn wir Kinder bettelten: „Ach, erzähl doch bitte noch einmal die Geschichte, als Onkel Hans auf dem Schulweg …, als Tante Hedwig durchs Fenster stieg, als ihr die Nachbarn erschreckt oder Mama in den April geschickt habt." Wir wussten bereits, was folgen würde, und trotzdem lachten wir uns schlapp – oder gerade deshalb.

Heute übernimmt mein Vater das Geschichtenerzählen, meine Schwester und ich sind längst erwachsen und unsere eigenen Kinder nicht mehr klein, und dennoch bitten wir Papa, wenn wir bei solchen festlichen Gelegenheiten um den großen Esszimmertisch sitzen, uns aus seinen Lehrjahren, von seinen Dienstreisen und Fahrradtouren zu erzählen. Ein Glück, wenn man so ein Familienmitglied am Tisch hat, der alle unterhält und vielleicht die ewig gleichen, immer wieder urkomischen Missgeschicke und Anekdoten erzählt. In anderen Kulturen gibt es dafür sogar eigens für die Unterhaltung zuständige Tischherren, in Georgien heißt ein solcher Unterhalter zum Beispiel *Tamada*. Dieser spricht endlos lange Toasts aus und gibt der Feier ihre Struktur. In Schottland können professionelle Erzähler gebucht werden.

Zu größeren Familienfeiern trifft man sich nicht nur zu den runden Geburtstagen, sondern auch zu den Meilensteinen des Lebens wie Taufen, Hochzeiten und natürlich auch Trauerfeiern. Dann kommen die weißen Tischdecken aus dem Schrank und das gute Porzellan auf den Tisch. Und auch wenn Verwandte weiter weg wohnen und nicht zum Alltag gehören, ist es schön, sich endlich wieder einmal zu treffen, Erinnerungen und Freude zu teilen. Man bedauert, dass man sich so selten sieht, und verspricht, sich bald wieder zu melden. Dann gehen die Wochen und Monate ins Land, manchmal sogar Jahre. Bis zum nächsten großen Fest. Das kommt bestimmt.

20 In den richtigen Schuhen
Das Fundament für den Tag

Kleider machen Leute – so heißt es. Das Sprichwort stammt von der gleichnamigen Novelle von Gottfried Keller, die sehr gern, so erging es mir auch, als erste Schullektüre in Form eines der berühmten gelben Heftchen ausgewählt wird. Mir fällt aber auch immer wieder auf, dass Schuhe auch Leute machen. Oder sagen wir: Sie sind so etwas wie das Fundament für einen Tag. Wer kennt das nicht!

Es gibt diese flachen Schnürstiefel, halb schick, halb rustikal, die einem das Gefühl geben, einen guten Stand zu haben und damit stabil durch jede Präsentation oder andere Herausforderung zu kommen. Es gibt die Pumps, die für die erste Verabredung herausgeholt werden. Und die gemütlichen Puschen, in die wir nach einem anstrengenden Arbeitstag schlüpfen, wenn wir alles abstreifen, auch die unbequemen Business- oder Sicherheitsschuhe. Es lohnt sich übrigens, auch mal Farbe ins Spiel zu bringen, denn mit roten Schuhen an den Füßen ist die Welt sofort eine andere. Versprochen!

Die ersten Schuhe – etwa 12 000 Jahre vor Christus – waren aus Fell und Leder. Bei den Ägyptern waren Sandalen in Mode, bereits schick verziert und am Knöchel hochgewickelt. Schon in der Antike wurde das richtige Schuhwerk rasch ein Ausdruck für den sozialen Stand. Der Kaiser trug anderes als sein Gefolge.

Wir achten meist viel zu wenig auf unsere Füße, dabei sind sie eine wichtige Basis unseres Körpers, sie sind unser Kontakt zur Erde, zum Boden. Sie sorgen für unsere Stabilität. Wenn

Kinderfüße plötzlich wachsen, dann folgt bald darauf mit Sicherheit ein Wachstumsschub des Körpers. Die Füße wissen, was sie tragen müssen. Wie schlau und fürsorglich.

Manchmal wünscht man sich, das Leben eines anderen führen zu können, wie in dem Hollywood-Film *In den Schuhen meiner Schwester*. Oder eine Redewendung besagt: „Den Schuh zieh ich mir erst gar nicht an." Weil er nicht zu mir passt, weil es nicht mein Problem ist, weil es einen Unterschied macht, ob man genau die Schuhe trägt, die zu einem passen, oder nicht.

Während der Pandemiezeit haben viele das Homeoffice entdeckt. Plötzlich boomte die Freizeitlook-Industrie, denn wer sieht schon Schlabberhose und Tigerhausschuhe unterhalb der Bildschirmgrenze beim Videomeeting mit dem Vorstand? Wir Autorinnen können ein Lied davon singen. Kennen wir doch so gut das schnelle Aufstehen und Schreiben am frühen Morgen im Schlafanzug. Aber wir wissen auch, wie wichtig es ist, sich für die Arbeit am Schreibtisch anzuziehen und mit festem Stand auf Heldenreise zu gehen.

Die richtigen Schuhe, so sagen Orthopäden, sind wichtig für gesunde Füße. Aber machen sie nicht auch etwas mit unserer Seele? Die Ballettschuhe machen das Mädchen zur Tänzerin. Wer seine ersten Fußballschuhe bekommt und mit den Stollen über den Rasen geht, kennt dieses Gefühl, dass sich eine neue Welt auftut. Ebenso ergeht es der Braut, dem Dirigenten in Lackschuhen, dem jungen Mann in den neuen weißen Sneakers auf dem Weg zur Party. Die Schuhe prägen den Stand, aber auch den Gang. Sie geben uns Halt und bringen uns voran, weiter auf unserem Weg, näher zu unserem Ziel. Viel öfter sollten wir die Schuhe anziehen, die gerade heute, in diesem Moment, zu uns passen, und stolz durch die Stadt flanieren. Ach, wie ich mich freue, bald meine Leseschuhe aus dem Schrank zu holen und aus diesem Buch vorzulesen …

21 Im Buchladen
Die ganze Welt auf Papier

Egal ob beim Ausflug, im Sommerurlaub bei dreißig Grad im Schatten, in einer anderen Stadt – ich suche und finde sie immer: Buchläden. Schon von Weitem entdecke ich ihre Schaufenster, Freude steigt in mir auf und wächst, je näher ich dem Laden komme. Aufgeregtheit macht sich breit. Welche Bücher sind wohl hier im Fenster? Welche liegen auf den Tischen? An welchen sind handgeschriebene Kärtchen des Teams angebracht, ganz persönliche Empfehlungen?

„Wundervolle Liebesgeschichte" steht darauf. „Unbedingt lesen! Mein Krimi des Jahres!" Oder: „Durchgesuchtet wie im Rausch!" Buchläden sind Schatzkammern, die sich uns öffnen, sobald wir eintreten. Mal knarrt eine alte Holztür, mal klingelt eine Glocke oder eine automatische Tür mit Bewegungsmelder geht auf. Manche haben mehrere Etagen, Winkel und Ecken, in denen wir uns zurückziehen oder auf einem Lesesessel Platz nehmen können. Andere sind klein, sodass man direkt vom Buchhändler gesehen und begrüßt wird, oder haben eine Galerie, wie meine Hausbuchhandlung. Doch allen gemeinsam ist: Bis unter die Decke und in allen Himmelsrichtungen gibt es Regale voller Bücher. Meist nach Genre und alphabetisch geordnet, die farbigen Rücken zu den Kunden gewandt. Bücher sind hier Hauptprodukt und wundervolle Dekoration zugleich. Buchläden sind eine Welt, die dreidimensional wirkt, aber noch weitaus mehr Erfahrungsräume bietet. Denn schlägt man die Buchdeckel auf, ziehen uns die Geschichten hinaus aus dem Laden – ans Meer, in eine

Lieblingsstadt, in unbekannte Länder oder sogar in ferne Galaxien.

Buchläden sind natürlich selbst beliebtes Setting für die Geschichten, die sie verkaufen. Sie werden als Apotheken dargestellt, die für jeden Kunden die perfekte Büchermedizin bereithalten, oder wie in der *Unendlichen Geschichte* von Michael Ende als Türöffner in das grenzenlose Land Phantásien mit seinen illustren Bewohnern samt Glücksdrache und Elfenbeinturm.

Zum Glück gibt es Buchläden an vielen Orten, insgesamt circa 5000 in Deutschland und noch viel mehr weltweit. Eine besondere Freude ist es, berühmte Buchhandlungen aufzusuchen. So stehen viele Touristen Schlange vor *Shakespeare & Company*, der von Sylvia Beach 1919 eröffneten Kult-Buchhandlung in Paris. Dort trafen sich die Schriftsteller der *Lost Generation* – unter ihnen Ernest Hemingway, F. Scott Fitzgerald und James Joyce. Durch dessen Bestseller *Ulysses* erlangte der Laden schließlich Weltruhm. Wer dort aushilft, kann in der Etage darüber übernachten. Unten gibt es einen Wunschbrunnen, in den Münzen geworfen werden.

Maastrichts berühmte Buchhandlung *Dominicanen* ist seit 2006 in einer ehemaligen Kirche untergebracht. Da das eindrucksvolle Gebäude mit den hohen Kirchenschiffen bereits 200 Jahre lang anders genutzt wurde, etwa als Schlangenhaus, Fahrradparkstation und Karnevalssaal, haben viele Maastrichter ihre ganz individuellen Erinnerungen an diesen Ort. Bei *Bart's Books* in Kalifornien kann man einen Outdoor-Buchladen besuchen mit Regalen an der Straße und im Innenhof. Das gute Wetter macht es möglich. Aber für echte Buchliebhaber scheint auch in den Buchläden hierzulande immer die Sonne.

22 Die Zugvögel über uns
Wenn es Frühling wird

Zweimal im Jahr kommen sie im wahrsten Sinne des Wortes über uns: die Zugvögel. Wildgänse, Kraniche, Störche, die im Herbst, wenn die ersten frostigen Tage angekündigt sind, zu ihren Winterquartieren in den Süden fliegen. Im Frühling kommen sie mit den ersten Sonnenstrahlen beim zarten Knospen der Kirschblüten zurück zu ihren Brutstätten im Norden.

Etwa die Hälfte der Vogelarten aus unseren Breiten macht sich auf diese weite Reise. Die Reiselust, inklusive Abflugtermin, Dauer und Route, ist angeboren. Wenn die Vögel die sogenannte Zugunruhe packt, geht es los.

Zwei Drittel der Zugvogelarten sind Langstreckenzieher, darunter etwa auch Nachtigall und Kuckuck. Sie legen Tausende von Kilometern zurück, oft fliegen sie nachts und kommen planmäßig an ihren Zielen an. Dabei halten sie sich an ihren inneren Kalender und ihr angeborenes Navi. Gebirge, Flüsse, Landformationen geben ihnen Orientierung, ebenso wie Sonne und Mond. Wissenschaftler vermuten, dass die Zugvögel auch die Krümmung des Erdmagnetfeldes orten können, wie genau, ist nicht sicher. Den weitesten Weg unter den Reisevögeln nimmt die Küstenseeschwalbe auf sich, sie pendelt 17 000 Kilometer von Grönland und Alaska zu ihren Brutstätten am Südpol.

Die ersten Vogelkundler gab es bereits zu Aristoteles' Zeiten im antiken Griechenland. 1931 wurde der erste Atlas des Vogelzuges veröffentlicht. Heute kann jeder Interessierte

Routen und Standorte der Zugvögel im Internet einsehen und sogar via Webcam verfolgen. Auch die sozialen Medien sind voll von Fotos eindrucksvoller Luftformationen.

Ich kann mich nicht erinnern, dass ich früher darauf geachtet und im Frühjahr und Herbst zum Himmel geschaut habe. Vielleicht lag es ja an den Wohnorten, auf jeden Fall aber an unserem Jüngsten, der – wir waren gerade umgezogen – eines Tages vor der Grundschule seines Bruders in den Himmel zeigte. Da flogen sie, die Wildgänse, mit ihren typischen Rufen, in wunderschönen V-Formationen und gekonnt raschen Wechseln hoch über uns. Seitdem hat er es wirklich jede Saison geschafft, die reisenden Vögel zu bemerken. Mal kommt er aus der Schule nach Hause und ruft mich, mal spurtet er aus seinem Zimmer nach unten vor die Haustür oder in den Garten. „Mama, schnell", ruft er, dann blicken wir zusammen nach oben. Im Herbst ergreift uns beim Anblick des Vogelzugs eine Mischung aus Freude und Wehmut. Es wird kälter, die Luft riecht nach Winter und Abschied.

Im Frühling klingen die Rufe der Vögel nach Hoffnung und ein bisschen wie Lachen. „Da sind wir wieder." Sie haben ihr Versprechen gehalten. Froh, sie bemerkt und gesehen zu haben, gehen wir ins Haus zurück, ich stelle Teewasser auf und schaue zum Fenster hinaus, den Zugvögeln hinterher. Und irgendwann schaffe ich es hoffentlich auch noch mal im Oktober auf den Darß, wenn sich die Kraniche am Ufer der Ostsee sammeln. Ich sehe sie dort vor mir.

23 Im Eiscafé
La dolce vita

Es ist Mitte März. Ich sitze im Eiscafé in unserem Wohnort. Nicht weit von hier fließt der Rhein. Wer draußen einen Platz ergattert, hat freien Blick auf den legendären Drachenfels. Die Mittelmeerküste, die Dolomiten, Rom und die toskanischen Zypressen sind Tausende Kilometer entfernt. Aber *La Dolce Vita*, das süße Leben, das pulsiert in diesem kleinen Café fast genauso wie in Bella Italia. Schon bei Alessandros Begrüßung „Ciao, Ragazzi!" fühle ich mich ein Stückchen weiter in den Süden versetzt. Und dann kommt der Moment, auf den ich und – ich behaupte mal – viele andere Leute den ganzen Winter über sehnsüchtig gewartet haben: das erste Spaghetti-Eis der Saison.

Ich weiß nicht, wann ich das allererste Spaghetti-Eis meines Lebens gegessen habe, aber ich bin sicher, es muss Liebe auf den ersten Biss, sprich Löffel, gewesen sein! Für uns Schüler war schnell klar, dass es das beste bei *Rialto* gab – das war in einer anderen Stadt –, denn nur dort machten sie dieses Herz aus Sahne. Ein richtig gutes Spaghetti-Eis zu kreieren ist nämlich eine Kunst für sich. Das Herz aus Sahne kann man dabei gar nicht oft genug erwähnen, denn es ist das A und O, das Tüpfelchen auf dem i, die Kirsche auf ... na ja, Prinzip verstanden. Und es kommt nur dann zur vollen Entfaltung seiner geschmacklichen Höchstleistung, wenn das Vanilleeis in Nudelform darüber so kalt ist, dass der Sahneberg am Rande gefriert. Zumindest ein bisschen. Das knistert und knuspert nämlich ganz wunderbar beim Essen. Dann ist natürlich die Qualität des Vanilleeises entscheidend. Zum guten Schluss bin ich Team „Kokosflocken" als „Parmesankäse"-Topping, da scheiden sich die Geister. Alessandro verzeihe ich die weiße Schokolade großzügig, weil ich mich bei ihm für eine Viertelstunde genau wie im Urlaub fühle. Ich kann dort sitzen, beobachten, genießen. Morgens gibt es im Café den perfekten Espresso oder Cappuccino und an warmen Sommerabenden Hauswein, Aperol und Käsetoast, meistens einfach, solange noch Gäste da sind. Wenn die Sonne im Rhein versinkt, wird die Eisdiele zur Bar, mit ultimativem Italo-Feeling, das man weniger definieren kann als empfinden muss. Überall in Deutschland.

Die erste Eisdiele soll 1668 ein Neapolitaner und ehemaliger Koch des Sonnenkönigs in Paris betrieben haben: Francesco Procopio dei Coltelli. Die erste *Gelateria* eröffnete 1770 in New York, 1799 der Hamburger *Alsterpavillon*. Seit 1928 befindet sich das *Eiscafé Monheim* am traditionellen Standort in Berlin. Die Boomzeit der Eisdiele begann jedoch in den 1950er-Jahren, als im Zuge der Anwerbeabkommen italienische Arbeiter in die Bundesrepublik kamen. Als Symbol dieser Wirtschaftswunderzeit ist die Hamburger Eisdiele *Giacomel* aus dem Jahr 1955 im Bonner *Haus der Geschichte* ausgestellt. 1969 erfand schließlich der siebzehnjährige Dario Fontanella im Mannheimer Eissalon seines Vaters die oben innig beschriebene Eisspezialität, die er nach diversen Versuchen erfolgreich durch eine gekühlte Spätzlepresse drückte. Was für ein Glück! Leider ohne ein Patent anzumelden.

Hach, die letzten Reste meines Eisbechers sind zu einer cremigen Masse verlaufen. Ich höre Eros Ramazzotti zu Ende, und sollten gleich Audrey Hepburn und Gregory Peck auf einer roten Vespa draußen vorbeifahren, wenn ich mich auf den Weg zurück zum Schreibtisch mache – ich werde mich bestimmt nicht wundern. „Ciao, Belli!"

24 Im Friseursalon
Auszeit mit Grundrauschen

Als ich zur Inspiration für diesen Text in der Suchmaschine eingab: „Warum ist es beim Friseur so schön?", kam als Antwort exakt – nichts. Hier also meine: Zuallererst ist es die erzwungene Pause mitten am Tag. „Du bist mein Luxus!", sage ich gerne zu meiner Friseurin, denn im häufig vollen Alltag macht man im Friseursalon einfach mal Stopp und setzt sich hin. Das ist doch schon was. Und dann kommen noch einige großartige Punkte hinzu, allen voran die entspannende Kopfmassage. Viele Salons bieten ihren Kundinnen Kaffee, Wasser oder Tee gratis an. Auch prima. Beim Friseur hat man endlich mal die Möglichkeit, in den ausliegenden Lesezirkel-Magazinen den neuesten Klatsch und Tratsch der Promis zu lesen, auch das kostet nichts. Wer sich mehr für die Neuigkeiten aus dem Viertel interessiert, lässt die Hefte links liegen und unterhält sich mit seiner Friseurin.

„Wusstest du schon, am Eck hat ein neues Café aufgemacht, die backen tollen hausgemachten Kuchen. Müllers von gegenüber waren ein Jahr auf Weltreise. Nächste Woche fangen die hier an mit der Baustelle" und … und … und. Beim Friseur ist es ein bisschen wie an der Bar, da findet das pralle Kiezleben eine Stelle zum Andocken. Wer selbst nicht reden will, hat die Möglichkeit, den Gesprächen auf dem Nachbarplatz zuzuhören oder die Augen zu schließen und abzuschalten. Je nach Tagesform. Denn beim Friseur gibt es frei Haus noch zwei weitere Dinge, die ich mag. Nummer 1: Es ist warm. Nummer 2 (das ist ein wirklich wichtiger Aspekt, und es hat nichts zu bedeuten, dass er so weit hinten steht): Dieses wunderbare Grundrauschen der Föhns. Das hat man sonst noch im Zug, im Flugzeug, am Wasserfall, wenn der Regen monoton ans Fenster prasselt, im Wald oder am Meer ... ich erinnere bestimmt an geeigneter Stelle noch mal dran. Aktuell begegnet es mir am häufigsten bei der Werbung für Beruhigungs-Apps. Dabei hatten junge Eltern die bereits vor Jahren, denn das nächtliche Ins-Auto-Packen oder Föhnen von Babys ist, wenn gar nichts mehr geht, ein beliebtes Einschlafmittel.

„Weißes Rauschen" dazu findet man im Gegensatz zu der oben eingegebenen Frage einiges online: Es beinhaltet gleichzeitig viele verschiedene Frequenzen und übertönt damit andere, die uns vielleicht gerade am Entspannen hindern. In manchen Fällen soll es auch bei Tinnitus und Ohrgeräuschen helfen.

So, und das hätte ich jetzt fast vergessen, weil es nicht den Friseurbesuch als solchen, sondern die Stunden, ja sogar Tage danach betrifft: Die Haare sind einfach sooo schön! So viele Rundbürsten, Kurpackungen, Lockenstäbe und Föhnaufsätze kann ich mir zum Beispiel gar nicht kaufen, um das so und vor allem derart haltbar hinzukriegen. Wenn dann noch beim Verlassen des Salons die Sonne scheint, schwebt man geradezu durch den Rest des Tages. Dann ist man gewappnet für ein schwieriges Gespräch im Büro, geht irgendwie beschwingter und leichter durch die Straßen, was auch andere merken. Auf das Grundrauschen folgt das Grundlächeln. Fehlt nur noch, dass jemand singt: „Du hast die Haare schön!", oder ein Kompliment ausspricht. Aber Zurücklächeln ist auch schon ganz groß. Solltest du dich also beim nächsten Friseurbesuch über den Preis ärgern, hier einfach noch mal nachlesen, was der alles beinhaltet.

25 Auf der Treppe
Von oben draufschauen

Keine Ahnung, wann das bei mir angefangen hat ... Aber Treppen, vor allem solche vor Haustüren, sind ein kleiner Sehnsuchtsort im Alltag. Sobald die ersten warmen Frühlingstage kommen und der Morgen lebendig flackernde Schatten durch die Fenster schickt, zieht es mich hinaus auf die Treppe.

Dazu muss ich erwähnen, dass ich sonst überhaupt keine Stein- und Mauerhockerin bin. Schon wenn ich irgendwo warten muss, sind mir unbenutzte Stühle zu kalt. Aber an den ersten warmen Tagen des Jahres heizen sich die steinernen Stufen vor unserem Haus auf. Bis zur Mittagszeit nehmen sie die Sonne in sich auf und spielen Sommer. Dann nehme ich meine Kaffeetasse mit hinaus, setze mich auf die Stufen und lehne mich an die Hauswand. Nachbarn gehen vorbei und winken, Wanderer grüßen auf dem Weg in den Wald. Hunde stürmen fröhlich durchs Gartentor, die Nase neugierig schnüffelnd am Boden. Sie riechen es wohl, der Frühling ist da. Es duftet nach Flieder und Apfelblüten, und die ersten samtigen Hummeln brummen wie Mini-Hubschrauber herum. Der Kaffee schmeckt anders – hier auf der Treppe.

Ich beobachte, wie im Beet eine Schnecke ihre zarten Fühler herausstreckt und sich langsam über die Erde bewegt, im Gegensatz zu mir trägt sie ihr Haus mit sich herum. Ist meine Treppenliebe vielleicht auch an diesen Ort gebunden? Nein.

Ich saß schon vor anderen Häusern, an Stationen meiner persönlichen Reise, auf Treppenstufen – um Pause zu machen, mit Sonne in den Tag zu starten oder ihn ausklingen zu lassen, um von dort meine Kinder beim Spielen im Blick zu haben. Um zu lesen, zu schreiben, zu telefonieren, mir Notizen zu machen. Im Studium in Mainz hockte ich auf Stufen am Rhein, um aus meiner Bude herauszukommen und mit frischem Wind für Prüfungen zu lernen. Und später in St. Petersburg an der Newa.

Doch was haben sie an sich, diese Treppen, das mich anzieht? Ein Geheimnis scheint mir die Anordnung der Stufen zu sein, sie ermöglicht eine Art Vogelperspektive. Und empfehlen das nicht viele Ratgeber und Life Coaches, dass wir, wenn wir allzu verstrickt sind in unsere Sorgen und Ängste, einfach ein bisschen Abstand nehmen sollen, um mal von oben auf die Dinge zu schauen?

Auf einer Treppe ist das immer möglich. Nicht wie im Adlerflug oder hoch oben von einem Berg. Das scheint mir das zweite Geheimrezept der Treppen zu sein: Sie schenken uns etwas Abstand und Überblick, vielleicht sogar Weitblick, und das nicht von einem weit entrückten, fernen Ort aus, sondern von einem, der – egal ob direkt am Haus, an einem Fluss oder in einem Open-Air-Theater – eng mit unserem Alltag verbunden ist. Von hier aus sehen wir besser und bleiben dennoch – ein Glück – nah dran am Leben.

Und der dritte Punkt: Treppen erzählen immer davon, dass es einen Weg nach oben gibt. Stufenreste, die man irgendwo entdeckt, zum Beispiel im Wald oder auf einem leer stehenden Fabrikgelände, werfen immer die Frage auf, wo sie wohl hinführen. Sie erzählen davon, dass es immer einen Weg nach oben gibt und dass wir den bewältigen können. Bis dahin tut es gut, auf ihnen auszuruhen, für einen Moment, und die Schnecke zu bestaunen. Denn wenn sie es so weit nach oben schafft, dann können wir das doch auch.

26 Beim Laternenumzug
Wenn Kinderaugen leuchten

„Laterne, Laterne, Sonne, Mond und Sterne". Ich liebe Martinsumzüge. Ich mochte sie schon in meiner eigenen Kindergartenzeit. Diese Abende waren immer etwas ganz Besonderes. Einmal im Jahr durften wir Kinder im Dunkeln raus und durchs Dorf spazieren. Hinzu kamen die wochenlangen Vorbereitungen. Laternen mussten gebastelt werden, jedes Jahr unter neuem Motto. Und Vorfreude ist ja bekanntlich die schönste Freude.

Dann durch die Straßen zu ziehen mit der ganzen Gruppe, den Eltern, Großeltern, Freunden, in der Hand die bunten, leuchtenden Laternen stolz vor sich hertragend, das sind Glücksmomente, die man nicht vergisst. Inklusive des hellen, in der Nacht auflodernden Martinsfeuers samt Brezeln, Stutenkerlen oder Weckmännern zum Abschluss. Auch als Erwachsene berührt mich weiterhin etwas vom Zauber dieser Erfahrung.

Den ersten Martinszug nach der eigenen Grundschulzeit durfte ich mit meinem damals drei Monate alten Sohn erleben. Es war ein regnerischer, grauer Novembertag, den ich mit meinem an diesem Tag sehr weinerlichen und unruhigen Baby drinnen verbracht hatte. Irgendwann abends konnte ich nicht mehr. Obwohl es schon dunkel und ungemütlich draußen war, packte ich den kleinen Mann warm ein, um eine Runde um den Block zu gehen. Schnell beruhigte er sich draußen und schlief ein, das änderte sich auch nicht, als wir in einen Martinszug gerieten. Die Musikkapelle spielte laut „Ich geh mit meiner Laterne …". Diese hatten wir zwei zwar nicht dabei, aber ich reihte mich dennoch ein, um mit dem schlafenden Kleinen im Kinderwagen mitzugehen. Die singenden, schreitenden Kinder, die unbeirrt ihre Lichter durch die Dunkelheit trugen, rührten mich zu Tränen.

Das geht mir seitdem übrigens jedes Mal so. Unabhängig davon, ob ich selbst an einem Laternenzug teilnehme oder als Zuschauerin am Straßenrand stehe. Martinszüge bringen das Licht in die dunkle Nacht, sie sind in mehrfacher Hinsicht Farbtupfer im grauen November, und sie erzählen vom Teilen. Eine uralte Botschaft, ohne die das Zusammenleben unter Menschen nicht denkbar ist. Zugegeben gehört die Legende von St. Martin, der seinen Mantel kurzerhand mit dem Schwert teilt, um die Hälfte einem armen Bettler im Schnee zu geben, nicht zu meinen liebsten Geschichten. Ich fand sie wahrscheinlich aufgrund der ungemütlichen Atmosphäre immer etwas unheimlich. Aber das ändert ja nichts an der großen Botschaft, die auch durch alle Jahrzehnte und Jahrhunderte nie an Berechtigung und Bedeutung verliert.

Der Martinstag bildete seit dem Mittelalter den Beginn der Fastenzeit sowie das Ende des bäuerlichen Wirtschaftsjahres. Aus diesem Anlass fand am Vorabend des 11. November ein ausgelassenes Fest statt mit Spielen, Essen und Trinken und diversen Feuerritualen wie Fackellaufen und Über-das-Martinsfeuer-Springen. Aus Lärm- und Lichterparaden entwickelten sich um 1900 die St. Martinszüge, wie wir sie heute kennen. Eine Tradition, die in vielen Regionen im deutschsprachigen Raum, aber auch in Luxemburg, Ostbelgien, Südtirol bekannt ist. Vielerorts reitet der „heilige Martin", ein römischer Soldat, auf einem Pferd voraus. „St. Martin, St. Martin war ein guter Mann …"

27 Unterm Weihnachtsbaum
Stille Nacht, heilige Nacht

An dieser Stelle ist es am besten, sich direkt zu outen. Ja, ich bin eine bekennende Weihnachtstrulla! Liest gerade noch jemand mit, dem es auch so geht? Alle Jahre wieder, im Herbst, wenn die Tage kürzer werden, die Abende kühler, die Balkontüren sich ploppend schließen und das Licht von gleißendem Weiß in warmes Gelb übergeht, wird es mir erstmals wieder so weihnachtlich zumute.

Ich habe die Weihnachtsfreude wohl von meinen Eltern und Großeltern geerbt und gebe sie gern an meine Kinder weiter. Es ist die Summe aus den Erwartungen, den Wünschen, den erfüllten und unerfüllten. Und den Erinnerungen, die – wenn es gute sind – satt machen, wärmen, innen wie außen, die es für einen heiligen Moment lang hell werden lassen und die hoffentlich ein Leben lang diesen zarten Goldpuderzauber über uns legen. Als Zeichen, dass wir hoffen dürfen, uns freuen, Ruhe finden … Alles unterm Weihnachtsbaum.

Der Weihnachtsbaum spielt in unserer Weihnachtstradition eine zentrale Rolle. Ihn aufzustellen und herauszuputzen ist eine individuelle Kunst. Unter beziehungsweise vor dem geschmückten Baum sitzt man in den Familien hierzulande seit dem 19. Jahrhundert. Auch wenn es schon lange davor üblich war, sich im Winter als Zeichen für Leben Tannen, Wacholder und Misteln in die Häuser zu holen, und der erste geschmückte Baum in Freiburg bereits in Chroniken aus dem 15. Jahrhundert auftaucht.

Einfach mal sitzen – das ist übrigens mit das Beste an diesem Fest. Nachdem man wochenlang herumgerannt ist, Geschenke besorgt, gerade noch rechtzeitig Pakete und Kartengrüße zur Post gebracht, Essen eingekauft und vorbereitet hat, ist endlich mal Sitzen am Heiligen Abend das Größte:

- Sitzen und essen
- Sitzen und trinken
- Sitzen und Geschenke auspacken
- Sitzen und in neuen Büchern schmökern
- Sitzen und Weihnachtslieder hören
- Sitzen und die altbekannten Geschichten vorlesen und zuhören
- Sitzen und lachen
- Sitzen und schweigen
- Sitzen und den Baum bewundern
- Sitzen und sich zurücklehnen und denken, die Spitze ist doch wieder schief, nächstes Jahr besorgen wir einen neuen Ständer
- Sitzen und sich freuen, dass die Christbaumkugeln im Schein der Kerzen die immer gleichen Muster an die Wand werfen

Die Liste ist endlos in der Heiligen Nacht …

An ein Baumschmück-Erlebnis erinnere ich mich ganz besonders: Ich war etwa fünf oder sechs Jahre alt. Das Wohnzimmer (und gleich Weihnachtszimmer) war abgeschlossen, damit das Christkind und seine Helfer dort alles in Ruhe vorbereiten konnten. Meiner Schwester und mir ließ das keine Ruhe, wir drückten uns an die Tür und linsten durch das Schlüsselloch. Leider umsonst, denn das Christkind hatte vorsorglich von innen eine Decke davorgehängt. Also hielten wir unsere Ohren ganz dicht an die verschlossene Tür, und da hörten wir es: Leise und glockenklar sangen die Engel. In unserem verschlossenen Wohnzimmer. Wir stellten uns vor, wie sie gerade den Baum schmückten und die Geschenke darunter legten. Nie hatten wir so etwas Schönes gehört! Noch Jahre später nicht, als ich die Langspielplatte der Regensburger Domspatzen in der Hand hielt, die wir jedes Jahr zu Weihnachten ausgiebig hörten. Auch als ich für einen Moment das Gefühl hatte, dass ihr Gesang dem der Engel sehr ähnelte, blieb mein Glaube an diesen heiligen Moment unerschüttert. Mit so einer Erinnerung lässt es sich groß werden.

28 Im Wald
Baden im Grün

Als ich einer Freundin von der Idee erzählte, über Alltagsorte als Auftankorte zu schreiben, nannte sie sofort den Wald als Seelenort. Damit geht es ihr wohl so wie vielen anderen. Der Wald rangiert meiner Einschätzung nach unter den Top 3 aller Auftankplätze. Kein Wunder also, dass es in der Pandemiezeit zahlreiche Menschen raus aus den vier Wänden und ganz besonders in die Wälder zog. Auf einmal war es dort so voll wie nie. Das hat verschiedene Gründe. „Es gibt eine Kraft aus der Ewigkeit, und diese Kraft ist grün", das wusste schon die berühmte Äbtissin Hildegard von Bingen. Und so viel Grün wie im Wald gibt es nirgendwo. Grün wirkt beruhigend und entspannend. Grün steht für Leben und Harmonie und ist nicht zufällig die Farbe der Hoffnung. Im Wald kann man wirklich in sie eintauchen. Hier tief einzuatmen, stärkt Körper und Geist. Das liegt unter anderem an den Phytonziden und Terpenen, den chemischen Stoffen, die Bäume und Pflanzen ausströmen. Sie dienen der Bakterienabwehr, bei Nadelbäumen zur Abkühlung und sollen bei Spaziergängern das Immunsystem stärken, das Stresshormon Cortisol sowie Puls und Blutdruck senken und sich positiv auf den Blutzuckerspiegel auswirken.

Als Spaziergänger wird man Teil der Natur. Im Wald umgibt uns immer Leben und Wachsen, man fühlt sich nie allein, selbst wenn kein Mensch zu sehen ist. Das Leben wimmelt – unzählige kleine und große Tiere haben hier ihren Lebensraum. Früh am Morgen oder spätabends kann man einige davon sogar sehen. Still grasen Rehe auf einer Lichtung oder Fischreiher stehen regungslos an einem Teich.

Ein Drittel aller Flächen in Deutschland sind Waldgebiete. In Japan werden der Wald und seine Wirkung seit Jahrzehnten erforscht und als Erholungsort für gestresste Businessleute propagiert. „Waldbaden" – auf Japanisch *Shinrin Yoku* – ist in dem asiatischen Land sogar fester Bestandteil der Gesundheitsfürsorge. Dabei geht es darum, Zeit im Wald zu verbringen, die ätherischen Öle und negativ geladenen Ione einzuatmen. Während man beim Wandern ein Ziel erreichen will, kann man sich beim Waldbaden auf eine Lichtung ins Moos setzen oder an einen Baumstamm lehnen und die Augen schließen. Es tut gut, über den weichen Boden zu gehen.

Wer Erde, Moos, Rinde unter den Füßen spürt, ist automatisch im Hier und Jetzt. Man muss dafür nicht zwingend Bäume umarmen, es macht auch Spaß, über ihren rauen Stamm zu streichen, Blätter zu berühren, zu spüren, wie zart, glatt oder samtig sie sind, oder im Morgentau durch Gräser zu streifen. Es ist für Füße und Ohren wunderbar, durch raschelndes Laub zu laufen. Ringsherum gibt es auch darüber hinaus viel zu hören: Sei es das Zwitschern der Vögel, Zirpen der Grillen, Knacken im Unterholz und natürlich den Wind, wie er durch die Baumkronen rauscht. Es lohnt sich, nach oben zu blicken und zu schauen, wie sich hohe Laubbäume und Tannen biegen. „Kathedralen der Natur" nennt meine eingangs erwähnte Freundin das. Wie recht sie hat. Und was für ein perfektes Bild. Beim nächsten Spaziergang denke ich daran, wenn die Sonne zwischen den Ästen der Bäume Licht und Schatten spielt.

29 Auf dem Stadtbalkon
Extrazimmer mit Aussicht

Von unten erinnern sie oft an Paris. Vor allem wenn sie eine schmiedeeiserne Brüstung haben und an einem schmucken Altbau hängen. Sie könnten Geschichten von all den Generationen erzählen, die darunter durch die schwere Holztür ein- und ausgegangen sind. In den ersten warmen Nächten sitzen dort Pärchen beim Wein. Auch wenn der Platz mal eben für zwei Stühle und einen winzigen Tisch reicht, auf den kaum zwei Teller passen. Morgens stößt jemand das bodentiefe Fenster auf, lässt den Tag herein und nimmt einen schnellen Kaffee beim Blick auf die ersten Nachrichten auf dem Mobiltelefon. Am Mittag sitzt dort ein Mädchen mit angewinkelten Beinen, Sonnenbrille und einem Buch in der Hand. Versunken in den Sommer und ihre Geschichte, während die warme Luft um ihre Nase weht. Was für ein Sehnsuchtsort, zumindest für mich als gebürtiges Landei. Die Wiesen und Felder, der Wald und die Berge erscheinen fast klein im Vergleich zu diesem Zweisitzer-Zimmer mit Aussicht. Wer hier wohnt, der hat es geschafft, denkt man, wenn man auf dem Weg zum Bäcker, ins Büro oder nach Hause wehmütig und hingezogen nach oben blickt.

Von unten sieht man die meist geometrisch über- und nebeneinander angeordneten Balkone alle. Von oben sieht man nur sich, seine paar Quadratmeter Außensitz oder, wenn vorhanden, die Balkonreihe gegenüber. Und bei allem gleichförmigen Außenauftritt ist jeder Stadtbalkon individuell. Eine kleine Oase mit eigenem Charakter. Die einen setzen auf Klappstuhl und zusätzlichen Stauraum dank einer Kiste. Die anderen auf Urban Gardening mit Blumenkästen davor und Mini-Hochbeet in der Ecke. An einem sonnigen, gut geschützten Platz wachsen Basilikum und Oregano, Tomaten und Paprika, Erdbeeren und Waldmeister für die Frühlingsbowle. Die Nächsten brauchen Platz für Wäsche, Wasserkisten oder Vorräte, andere setzen auf schicke Loungemöbel, wahlweise zum Sitzen oder zum Liegen.

Überdachte Balkone gab es bereits im alten Rom. In Indien schützten kunstvolle Holzkonstruktionen vor der heißen Sonne. Königen und Präsidenten dienen sie bis heute zum Repräsentieren. Architekten errichteten sie im 19. Jahrhundert schließlich auch in ärmeren Vierteln als bewussten Beitrag zur Gesundheitsförderung. Heute gibt es sie in vielen Städten der Welt.

Auf einem solchen Aussichtsplatz fühlt man sich unbeobachtet, über den Dingen der Welt schwebend. Dass von unten Leute hochschauen, ist nicht wichtig, wenn vor einem die Blätter der alten Kastanienbäume rascheln und die Mauersegler fröhlich über die Dächer fliegen. Von hier schaut man über die Stadt, spitze Dachzinnen und Mansardenfenster vor Augen – und Himmel, jede Menge Himmel.

Noch ein Stück Käse und Brot vom Laden unten an der Ecke und ein Glas Sommerwein. Wenn gleich die Mücken kommen, steht die Duftkerze parat. Die Nacht ist so schön und der Winter weit weg. Unten hört man die Nachbarn lachen, die zieht es auch noch nicht ins Haus. Die Beine ausstrecken kann man später im Bett. Einfach nur sitzen, die Luft ist so herrlich und der Horizont südseerot.

> „Komm, lass uns auf das Leben trinken!
> Es braucht so wenig Raum, das Glück."

30 Bei den Nachbarn
Fußball gucken im Hof

Bei unseren Nachbarn steht eine Bank im Hof vor dem Haus. Es ist schön, vorbeizukommen und zufällig jemanden dort anzutreffen und einen Schnack zu halten. Über den Tag, die Arbeit, das Wetter, die Politik, die Blumen im Garten, darüber, dass der Olivenbaum sich so gut entwickelt, was es Neues aus der Schule gibt und in der Stadt, ob sie am Brückentag etwas vorhaben – und ja, klar, dass ja bald die nächsten Fußball-Weltmeisterschaften anstehen. Dann macht sich ein Lächeln breit auf den Gesichtern in der Nachbarschaft, denn wir sind – zusammen mit anderen Freunden – das beste Team, seit es Public Viewing gibt.

Alles hat damit angefangen, dass ein Nachbar bei schönem Wetter einmal den Fernseher hinausstellte in den Hof, unters Terrassendach. Nach und nach fanden sich mehr und mehr Bekannte aus der Straße ein, um das Länderspiel zu schauen. Spontan, weil das Wetter so schön und die Stimmung danach war und weil es lustiger ist, solche Events miteinander zu teilen. Sich zusammen zu freuen und zur Not auch zusammen zu hadern, zu schimpfen, enttäuscht zu sein. Dann kam die Sommermärchen-WM in Deutschland und damit professionalisierte sich das Zusammengucken im Freien. Ab dann hieß es überall Public Viewing, und die Geschäfte sind seitdem vor jedem internationalen Turnier voll mit Fanartikeln – vom T-Shirt über Schminke in Länderfarben, Schmuck und Blumenketten bis hin zu lauthals jubelnden Flaschenöffnern. Mit alldem sind wir in der Nachbarschaft natürlich bestens bestückt, und mit jeder Meisterschaft wächst der Fanartikelbestand weiter.

Was aber auch typisch ist für unsere und andere Nachbarschaftstreffen dieser Art, ist, dass jeder etwas mitbringt und zum Gelingen beiträgt. Die einen machen Nudel- und Kartoffelsalat, andere übernehmen den Schwenkgrill, die Nächsten Würstchen und Maiskolben oder Bier und Fassbrause. Jeder, wie er oder sie kann und mag.

Nachbarn sind Menschen, die selbstverständlich da sind und die man gar nicht so oft sieht, weil der Alltag und die Arbeit meistens alle im Griff haben. Oft kennt man sie gar nicht gut, höchstens vom Post annehmen oder weil man im Urlaub gegenseitig die Blumen gießt. Nachbarschaftstreffen leben vom Spontanen. Von einem Glas Wein über den Zaun – sogar im Lockdown –, von spontanen Einladungen zum Tee, von einem „Komm doch kurz rein!"

Die Verbindung ist lose, man wohnt Haus an Haus oder Wohnung an Wohnung. Nachbarn sind allerdings auch oft viel näher dran als Familie und Freunde, wenn man Hilfe braucht. Es ist ein Glück, wenn Nachbarn zusammen jubeln können, wie oben beschrieben, sich aber auch gegenseitig unterstützen. Nachbarn reparieren zusammen Schaukeln, fällen Bäume oder helfen, IKEA-Schränke aufzubauen, bei denen wichtige Schrauben fehlen. Nachbarschaft lebt von Distanz und Nähe gleichzeitig. Man lässt sich in Ruhe, man kümmert sich. Und vielleicht ist heute der Tag, um mal wieder drüben zu klingeln.

31 Am Lagerfeuer
Im Spiegel der Nacht

If I had a hammer, *Hey, Jude* und natürlich *Country Roads* – nein, ohne diesen Song geht es einfach nicht. Irgendwann tönt immer *Country Roads* durch die Nacht, wenn man zusammen am Lagerfeuer sitzt. Denn irgendjemand spielt immer Gitarre, während sich die anderen im Kreis um die hellen, wärmenden Flammen scharen, mitsingen oder summen. Wie ein Magnet hält das Feuer in der Mitte die Menschen zusammen. Vielleicht sind es alte Freunde oder eine zufällig entstandene Einheit für diese eine Nacht. Ganz egal.

Das Feuer hält die Zeit an, sie vergeht langsamer, als gäbe es nur diesen Ort in diesen Minuten, Stunden. Die Holzscheite knistern und knacken, sie fallen herunter, schieben sich neu ineinander, unten entsteht ein Berg Asche, oben werden neue Stücke nachgeschoben. Winzige Funken zischen hoch und verschwinden in der dunklen Nacht. Wieder und wieder. Es ist ein Kunstwerk aus Leben und Vergehen, aus Farben und Licht, immer in Bewegung. Bei jeder Feier im Freien ist der Feuerkorb die Attraktion, er lockt Junge und Alte an. Und eine wilde Kindergeburtstagsgruppe kommt bei Stockbrot und Marshmallows zur Ruhe.

Obwohl ich noch nie in den USA war, habe ich bei Lagerfeuer-Gedanken so ein *Broke Back Mountain*-Bild vor Augen, oder ich stelle mir ein Feuer auf einer Lichtung an einem kanadischen Waldsee vor. Dort sitzt man auf Baumstämmen, die Luft ist kühl, das Feuer heiß. Es weckt Erinnerungen, Sehnsüchte, es lockt Geschichten hervor.

Feuer hat viele Farben – es ist hellgelb, gleißend gelb, orange, hellbraun, rot, schwarz und weiß. Es besteht aus lodernden Flammen und aufliegenden Funken, die im Dunkel verglühen. Voll in seiner Kraft schickt es sein Lichterfeuerwerk in die Nacht, bevor es am Ende kleiner und kleiner wird und in sich zusammenfällt. Doch auch wenn wir es nicht mehr sehen, ist es noch da. In der schwarzen Glut glimmt die Hitze weiter. Ein weiteres Sinnbild von etwas, das existiert, auch wenn wir es gerade nicht erkennen können. Genau wie die Sonne; auch so ein Feuerball, der in der Nacht auf der anderen Seite der Welt scheint.

Zu Recht ist das Feuer neben Erde, Wasser und Luft eines der Elemente. Zusammen sind sie der Kernbestand des Lebens, sie ergänzen sich perfekt in ihrer Kraft. Doch das Feuer ist die wärmste und strahlendste unter ihnen. Mit seiner starken Energie steht es für Leidenschaft, Willensstärke, Aktivität und Freiheitsdrang.

Vor etwa anderthalb Millionen Jahren fanden die Jäger und Sammler heraus, wie man aus Steinen und Holz Feuer machen kann. Die Erfindung des Feuers war überlebenswichtig für die Menschheit. Das war die Entdeckung überhaupt! Es brachte Licht und Wärme, hielt gefährliche Tiere ab und ermöglichte den Durchbruch für die Zubereitung der Nahrung. Wie anstrengend und beschwerlich das Leben damals war, sprengt unsere Vorstellungskraft. Aber vielleicht machten auch die Urmenschen manchmal Pause, setzten sich ans Feuer, schauten hinein, erzählten sich Geschichten und summten ihre Lieblingsmelodien – solche wie *Country Roads*.

32 Im Café
Schreiben wie in Paris

Es ist ein einfacher Auftankort, den es in vielen großen und auch kleinen Städten, ja, auch in Dörfern gibt: das Café. Wer mal hinaus muss aus dem Büro, der Wohnung, dem Hamsterrad, geht einfach ins Café um die Ecke.

„Ins Kaffeehaus gehen Leute, die allein sein wollen, aber dazu Gesellschaft brauchen", hat der Schriftsteller Alfred Polgar einmal sehr passend formuliert. Dabei hatte er wohl das Wiener *Café Central* vor Augen, wo er ebenso wie Hugo von Hofmannsthal und Arthur Schnitzler als Stammgast ein und ausging. Zur gleichen Zeit traf sich die Bohème in Berlin im *Kranzler* oder im *Romanischen Café*, wo es einen „Nichtschwimmer" und einen „Schwimmerbereich" gab, unterschiedliche Räume für angehende Schriftsteller einerseits und die vermeintlich wahren Könner andererseits. In Paris saßen die Existenzialisten derweil im Café und sinnierten bei Aprikosenlikör über den Sinn und Unsinn aller Dinge zwischen Himmel und Erde, und Hemingway feierte im *Café de Flore* und im *Les Deux Magots* sein „Fest des Lebens". Das ist schon hundert Jahre her, doch die beiden Bistros sind beliebt wie eh und je.

Und das können wir von den Künstlern von damals lernen: Überall in Europa hatte die Bohème wenig Geld, aber fürs Café, in einigen konnte man sogar anschreiben lassen, reichte es immer irgendwie. Und ich gebe zu, sehr gerne hätte ich dort von einer kleinen Nische aus den Gesprächen gelauscht und das Treiben beobachtet. Darum geht es schließlich im Café auch: sehen und gesehen werden, reden und zuhören, was die anderen sich zu sagen haben, schweigen, die Blicke schweifen lassen und seiner Fantasie freien Lauf lassen: Sind die beiden am Nachbartisch ein Paar oder wären sie gern eins? Warum sieht der ältere Herr mit der Zeitung so traurig aus? Wo kriegt man solche schönen Kleider? Und wer mag die Lehrerin sein, über die die beiden Mädels lästern? Fragen über Fragen und Eindrücke über Eindrücke. Im Café sind die Grenzen zwischen der Realität da draußen und den Visionen drinnen so fließend wie die Themen. Gäste kommen und gehen, manche haben es eilig und nur Zeit für einen schnellen Schluck, andere warten auf ihr Essen, während man selbst vor seiner Tasse sitzt, in der vor lauter Schauen und Einsaugen der Kaffee kalt wird.

Treten wir ein, ergattern wir einen schönen Platz im Freien, am Fenster oder in einem kuscheligen Winkel, sieht die Welt oft schon ein bisschen besser aus. Weil wir nicht mehr allein sind, die Bedienung freundlich fragt, was sie für uns tun kann, oder der Cappuccino, mit Sahneherz und Kaffeekeks serviert, einfach einen Tick feiner schmeckt, als wenn man ihn einsam in den eigenen vier Wänden genießt.

Kein Wunder, dass viele Schreibende zum Arbeiten hierherkommen. Ferdinand von Schirach schreibt im Café, genau wie der Dichter Thomas Meyer und die Thriller-Autorin Judith Merchant. In der Pandemiezeit hat sie sogar ein virtuelles Café mit Kolleginnen „eröffnet", um beim Schreiben nicht allein zu sein und das Klappern anderer Tassen zu hören. Ich habe es einmal versucht, in Wismar in der *Alten Apotheke*, das ganze Drumherum war jedoch so unterhaltsam, dass ich kein Wort zu Papier brachte, aber danach das Szenario in einer lustigen Geschichte festhalten musste, allerdings vom heimischen Schreibtisch aus. Wer sich über weitere Anregungen freut: Creative-Writing-Ikone Natalie Goldberg hat das Thema in ihrem Ratgeber-Klassiker *Schreiben in Cafés* festgehalten.

33 Unter der Dusche
Quelle der Inspiration

Ob es die Wärme ist, die wie ein Regen auf mich herabprasselt, das gleichmäßige Rauschen, das einen in der kleinen Kabine von der Außenwelt abschirmt, oder die Kopfmassage, die damit einhergeht – fest steht: Unter der Dusche habe ich die besten Ideen! Sei es für einen neuen Roman, an dem Tag anstehende Herausforderungen oder neue Projekte und Kooperationen. Leider hat das auch zur Folge, dass ich beim Duschen regelmäßig die Zeit vergesse, in das Erlebnis eintauche und abdrifte. Das ist natürlich für den Energieverbrauch weniger günstig, aber erklär das doch bitte mal jemand meiner Fantasie. „Schwimm nicht zu weit raus!", warnt mein Mann gerne vorab augenzwinkernd. Meistens ohne Erfolg. Extrem nachteilig ist es auch, dass noch niemand den wasserfesten Notizblock mit Stift erfunden hat, den man an die Duschwand heften kann. Denn wenn die kreativen Gedanken fließen, wollen sie ja auch festgehalten werden.

Lange Zeit dachte ich, ich sei mit dieser Erfahrung ziemlich allein. Bis ich diesen Klassiker aller Kreativitätsbücher von Mason Currey entdeckte: *Musenküsse. Für mein kreatives Pensum gehe ich unter die Dusche.* Darin werden die Inspirationsquellen von Künstlern portraitiert. Während Fitzgerald partout versuchte, nüchtern zu bleiben, turnte Kafka nackt am Fenster. Schiller pushte bekanntermaßen der Geruch fauler Äpfel in der Schublade, Kaffee und Schokolade halfen zur Abwechslung auch. Beethoven setzte darauf, sich eimerweise kaltes Wasser über den Kopf zu kippen, zum Leidwesen der jeweiligen Untermieter, denen dieses durch die Decke auf die Köpfe tropfte.

Den Erfolgsfaktor der Dusche sehen Neurowissenschaftler in der Abfolge von Nachdenken und Entspannen. Können wir ein Problem nicht schnell und durch aktives Nachdenken lösen, tritt es in unserem Bewusstsein in den Hintergrund, wo es weiterarbeitet, während wir uns, an ganz anderen Orten, neuen Dingen zuwenden, die möglicherweise nichts damit zu tun haben. Plötzlich lösen sich Fragen wie von selbst.

Ein zweiter Punkt ist der Perspektivwechsel. Immer im selben Umfeld, in demselben Büro, mit immer demselben Ausblick zu arbeiten, kann lähmen. Ein Ortswechsel, in den Hof, die Küche oder auch unter die Dusche, eröffnet neue Blickwinkel. Sich allzu sehr auf ein Thema zu konzentrieren, ist möglicherweise sogar hinderlich. So soll zum Beispiel Isaak Newton seine Idee zur Gravitationstheorie im Obstgarten zugeflogen sein. Vom griechischen Mathematiker Archimedes wird berichtet, dass er das Prinzip des Auftriebs in der Badewanne erfand, was dazu führte, dass er danach nackt und „Heureka!" rufend durch Syrakus lief. Ähnlich, so der Mythos, geschah es Albert Einstein 1905 in einer Straßenbahn in Bern, wo ein Geistesblitz zur Relativitätstheorie geführt haben soll.

Bei der Dusche kommt sicherlich noch der Entspannungsaspekt hinzu – dank Duschgel und wohltuendem Geräusch ist es ein Erlebnis, bei dem verschiedene Sinne aktiviert werden. Übrigens haben die Musenküsse noch zwei Folgebände: *Am kreativsten bin ich, wenn ich bügle* und *Mein kreatives Geheimnis sind bequeme Schuhe*. Ha! Beidem kann ich etwas abgewinnen! Bügeln gilt unter Autorinnen nämlich auch als beliebte Ablenkungs- und Inspirationstechnik. Nur das Rauschen, Entspannen und die Kopfmassage der Dusche – herrlich! –, die fehlen mir dabei eindeutig.

34 Im Zug
Fliegende Landschaften

Ich sitze im Intercity von Köln nach Leipzig, alle Abteile sind rappelvoll, die Koffer stapeln sich in den Gängen. Wenn jemand durch den Gang kommt, schiebe ich mit den Füßen den Rucksack noch ein Stückchen weiter unter meinen Sitz. Darin sind wie immer einige Bücher zur Auswahl, weil ich mich vorher nie entscheiden kann, was ich genau auf der Fahrt brauchen werde. Auf dem kleinen Klapptisch vor mir liegt ein Notizblock, aber statt zu lesen, lausche ich dem Rattern des Zuges. Das monotone Rauschen lässt mich zur Ruhe kommen. Durch das Fenster schaue ich nach draußen, sehe, wie die Landschaften wechseln. Auf karge Felder folgen grüne Wiesen mit Gehöften. Dazwischen Bahnhöfe, Häuser, Ortschaften, wieder weite Flächen. Ein Schwarm Vögel flattert kurz auf, um sich ein paar Meter weiter wieder niederzulassen. Ich kann nicht aussteigen, ich muss nichts tun. Zeit für ein bisschen Zugmeditation.

Der Schaffner macht amüsante Durchsagen durch den Lautsprecher. Er verkündet die Anschlüsse „mit dem Regionalbähnchen" und bedankt sich blumig für die „Fahrt mit der Eisenbahn". Ein Wort, das einen irgendwie zurückkatapultiert in die frühe Zeit der Zuggeschichte … Damals war es nicht so warm, gemütlich und gut gepolstert wie heute. Aber es war eine Revolution. Die Bahn ermöglichte auf einmal das Reisen für alle. War die Kutsche mit ihren wenigen Plätzen Adligen und Wohlhabenden vorbehalten, bot die Eisenbahn auf einmal viel mehr Menschen Platz und Transportmöglichkeiten.

Heute rege ich mich, zugegeben, wie viele, oft beim Zugfahren auf. Über unpünktliche Züge und volle Abteile, besetzte Plätze, obwohl ich die Reservierung in der Hand halte, unfreundliche Mitreisende und ... und ... und. Aber: Es gibt auch immer etwas zu erleben und danach zu berichten. Züge sind ein Eldorado für Geschichtensammler, die Inspiration fängt schon auf dem Bahnsteig an und hört erst beim Aussteigen auf. J. K. Rowlings soll ihre Idee zu Harry Potter auf einer Bahnreise ereilt haben. Passenderweise spielen ein Zug, der Hogwarts-Express, und ein unsichtbares Gleis mit der an keinem Bahnhof vergebenen Gleisnummer 9 3/4 eine wichtige Rolle. Heute zu besichtigen am Bahnhof Kings Cross in London. Ein gutes Beispiel dafür, dass mit dem Beginn einer Zugreise auch die Gedanken und Gefühle auf Reisen gehen.

Es ist unfassbar, was man beim Bahnfahren alles erleben kann. Der Stoff, aus dem Romane sind: Einmal fing bei einer Dame gegenüber ein Handy an zu klingeln und war einfach nicht mehr auszukriegen, der halbe Wagen war schließlich daran beteiligt, das Problem zu lösen. Was natürlich nichts ist im Vergleich zu den privaten Gesprächen, die man ungewollt mitbekommt, in denen das halbe Leben zum Besten gegeben wird. Davon ausgelöste Lachanfälle, die nur im Bordbistro zu stoppen sind. Züge, die ausfallen oder plötzlich in ganz andere Richtungen fahren als angezeigt. Einmal, als ich in Stuttgart umsteigen musste, fuhren plötzlich überhaupt keine Züge mehr Richtung Süden, und es ging erst weiter, als zwei buddhistischen Mönche den Bahnsteig betraten, wirklich wahr. Und dann diese Frau neben mir, die, trotz Maskenpflicht, weinend meinen Arm packte, um mit einem Menschen zu teilen, dass sie soeben Oma geworden war und Tochter und Enkelkind wohlauf waren. Sie hatte es gerade per WhatsApp erfahren. Also weinten wir gemeinsam vor Freude und wünschten einander beim Aussteigen alles Gute. Es wurde ein guter Tag, immerhin wusste ich ja bei meiner Weiterreise, dass ein Kind geboren worden war.

Eine Freundin ist schon mal auf einem Abstellgleis eingeschlafen und erst wach geworden, als sie der Schaffner weckte, da war ich, die Abholerin, natürlich längst nicht mehr am Bahnhof. Und ganz bestimmt haben sich in all dem Getümmel auch schon Leute Hals über Kopf verliebt und ihren Partner fürs Leben gefunden. Jede Wette. Sollte das jemand bestätigen und mir schreiben, werde ich sehr, sehr gerne auf jeder Lesung davon erzählen. Versprochen!

35 Im Museum
Berauscht an Farben

Es ist jedes Mal das Gleiche: Sobald ich es endlich einmal wieder schaffe, eine Ausstellung zu besuchen, durch die stillen Räume zu gehen, vor den Bildern und Exponaten stehen zu bleiben, mir Zeit nehme, die kurzen Texte zu den einzelnen Werken zu studieren, denke ich beim Hinausgehen: „Ich muss viel öfter ins Museum gehen!" Ein Besuch im Museum ist immer etwas Besonderes. Es ist ein Eintauchen in Farben, Formen, in eine andere Zeit, fremde Umgebungen. Es ist ein Sicheinlassen auf ein anderes Denken, in einen unvertrauten Blick auf die Dinge, die Menschen, die Gesellschaft, die Natur und den Alltag.

Kunst ist immer auch ein Abbild der jeweiligen Zeit. Das sogenannte Goldene Zeitalter der niederländischen Malerei war nur aufgrund der wirtschaftlichen Blütezeit der Niederlande als Seemacht im 17. Jahrhundert möglich. Rund 700 Künstler malten jedes Jahr etwa 70 000 Gemälde, eine beispiellose Möglichkeit. Die Romantiker kehrten dem rationalen Denken den Rücken und holten ihre Gefühle und Sehnsüchte ins Bild. Die Impressionisten wollten die Stimmungen, Eindrücke abbilden, ausgerechnet das Nichtsichtbare, oder wie Claude Monet es formulierte: „Ich ... will die Luft malen, die die Brücke, das Haus, das Boot umgibt, die Schönheit der Luft, die diese Objekte umgibt." Das war besonders gut möglich, da in dieser Zeit die Farbe in Tuben erfunden worden war, sodass die Maler aus ihren Ateliers hinaus ins Freie gehen konnten. Die Revolution im Material bewirkte somit eine Explosion neuer Farben, Motive und der Malweise. Die Dadaisten zweifelten mitten im 1. Weltkrieg alles an, sogar die Kunst selbst. Farben und Formen – nichts sollte fix sein und alles neu gedacht werden. Dafür gaben sie ihrer Revolte diesen banal klingenden Namen. Die Liste der Stilrichtungen und Bewegungen ließe sich noch lange weiterführen bis heute. Künstler sind die Kinder ihrer Zeit, sowohl was die materiellen Möglichkeiten als auch ihr Leiden, ihre Träume und Hoffnungen betrifft. In diesem Sinne ist der Gang durch eine Ausstellung auch immer eine Auseinandersetzung mit der Vergangenheit, der eigenen Gegenwart und Zukunft.

Jede Menge Stoff also zum Anschauen, Sinnieren, Philosophieren, aber auch, um sich einfach vor ein Gemälde zu setzen und sich zu vertiefen in einen Konzertabend von Kandinsky oder Monets Seerosenteiche, die man im *Musée de l'Orangerie* drinnen und im Garten in Giverny im Freien bewundern kann. Vielleicht sich mal in Gedanken mit an eine festlich gedeckte Tafel eines Stilllebens setzen oder die abstrakten Portraits einer Paula Modersohn-Becker auf sich wirken lassen, die ihre Zeitgenossen ablehnten und die doch dazu führten, dass das erste Museum für eine Malerin in Bremen errichtet wurde. In der Kunst geht es immer um alles und nichts, um das, was ist, und das, was sein könnte. Wenn nur ein Künstler etwas neu oder anders sieht und malt, bleibt sein Eindruck für immer erhalten – das Licht, das Leben, ein Augenblick voller Farben, von dem auch wir noch viele Jahrzehnte später Zeugen werden dürfen. Unglaublich.

Tipp für einen Museumsbesuch mit Kindern: vorher einen Suchauftrag vereinbaren. Welches ist das schönste Bild? Oder das lustigste, verrückteste, das mit den buntesten Farben oder dem ungewöhnlichsten Motiv? Die Ergebnisse sind immer überraschend. Ein perfektes Gesprächsthema bei Kakao oder Limonade im Museumscafé.

36 Im Hotel
Alles beginnt im Foyer

Viele der Wohlfühlorte, die dieses Buch beschreibt, sind frei zugänglich und zum Großteil sogar sehr niedrigschwellig erreichbar und kostenlos. Das ist natürlich bei den Hotels, vor allem hochpreisigen wie den mit Sternen ausgezeichneten Grandhotels, nicht der Fall. Dennoch möchte ich sie gerne mitaufnehmen und vorstellen, zumal es auch hier Möglichkeiten gibt, die Atmosphäre mit geringeren Mitteln zu genießen. Es muss ja nicht gleich das Wellnesswochenende, die mehrtägige Parisreise de Luxe oder das Champagnerdinner sein. Viele Hotels kann man auch einfach einmal auf einen feinen Kaffee mit Schokotarte oder einen Drink an der Bar besuchen und dabei das ganz besondere Flair der Räume und das Treiben der An- und Abreisenden beobachten. Ich habe beispielsweise auch noch nie in einem Fünf-Sterne-Hotel übernachtet (vielleicht lädt mich ja mal eines zu einer Lesung ein, haha), aber ein Erdbeertörtchen im Berliner *Adlon*, unweit vom Brandenburger Tor, habe ich mir mit einer lieben Freundin schon mal gegönnt, ebenso wie ein Mehr-Gänge-Menü im *Astoria* in St. Petersburg, in der Stadt, wo ich einige Jahre gelebt und gearbeitet habe.

Ein Hotel dieser Größenordnung zu betreten, ist ein Erlebnis für sich. Alles beginnt im Foyer, der großen Halle, die einen empfängt und innerlich oder hörbar ein „Ahhh!" ausrufen lässt vor Staunen. Wenn man die Drehtür oder den offenen Eingang passiert hat, wird auf einmal alles weit und hoch, strahlend und prächtig. Dann eröffnet sich eine eigene abgeschlossene Welt in der großen, mit allem Drum und Dran. Sitzrunden und Sessel laden zum Verweilen ein, an der Rezeption wird man erwartet, es herrscht ein geschäftiges Treiben, aber im Gegensatz zum Bahnhof geht es hier zwischen dem Ankommen und Abreisen auch um das Bleiben, für ein paar Tage oder länger. Und vor allem: Dies ist ein Ort von Menschen – für Menschen.

Seit ich in Omas Bücherregal vor vielen Jahren Vicky Baums Roman *Menschen im Hotel* entdeckt habe (Vorbild für das Setting war wahrscheinlich das Berliner *Hotel Excelsior* am Anhalter Bahnhof), faszinierten mich diese Welten, in denen man für einen kurzen Zeitraum in eine Art komprimiertes Leben eintritt. In den Achtzigern tat dann die amerikanische *Hotel*-Serie ihr Übriges. Ein Hotel ist ein Mikrokosmos, in dem alles, was draußen möglich ist, auch innerhalb dieser Wände passieren kann. Lieben, suchen, finden, sich wiedersehen, verlassen, den Augenblick genießen und später die unzähligen Bilder, Eindrücke und Erinnerungen mit nach Hause nehmen. Viele Hotels haben eine lange Tradition und Geschichte, bei einigen ist sogar bekannt, welche berühmten Gäste, Politiker, Musiker, Künstler dort schon mal übernachtet haben.

Inzwischen gibt es Hotels mit vielen außergewöhnlichen Konzepten: Schlosshotels, Baumhäuser, Wüstenhotels, Themenhotels mit individuell eingerichteten Zimmern – aber überall geht es als Erstes um das Ankommen und Zusammensein mit Menschen. Nirgendwo könnte man sie besser beobachten und ins Gespräch kommen. Für die Zeit des Aufenthalts, eine Auszeit vom Alltag. Also:

Türen auf und herzlich willkommen!

37 An der Krippe
Am Anfang ist die Hoffnung

Jedes Jahr zur Weihnachtszeit sehen wir uns möglichst viele Weihnachtskrippen in der näheren Umgebung an. Ein Muss ist dabei die Wurzelkrippe in einer kleinen Kapelle, nicht weit von unserem Haus. Vier Wochen lang wird sie von ehrenamtlichen Helfern in akribischer Kleinarbeit aufgebaut und von Hunderten Besuchern ab dem 1. Weihnachtsfeiertag besichtigt. Ein ähnliches Ritual verbindet mich mit der Krippe im Kloster Maria Laach. Im dortigen Hotel machte eine Tante regelmäßig Urlaub über die Feiertage. Wenn wir sie hinbrachten, besuchten wir natürlich auch die Weihnachtskrippe in der Abteikirche.

In vielen Regionen in Deutschland und aller Welt stehen in der Advents- und Weihnachtszeit Krippen in oder vor Kirchengebäuden. Es gibt Krippenwege, Krippendörfer, lebendige Krippen, Stadtkrippen mit regionaltypischen Häusern und Landschaften sowie Krippen-Ausstellungen in Museen. Ganz abgesehen von den Krippen, die in den Häusern und Wohnungen die Geschichte von Jesu Geburt bildlich in Szene setzen. Sie sind aus Holz, Stein, Papier, Stoff, ja sogar aus Bananenblättern. Zu ihrem Personal gehören natürlich das neugeborene Kind im namensgebenden Futtertrog und seine Eltern Maria und Josef. Dann stehen noch Ochs und Esel im Stall. Erweiterung 1 sind die Hirten mit ihren Schafen, Erweiterung 2 die Heiligen Drei Könige aus dem Morgenland samt Kamel. Vielfach gesellen sich diese erst am 6. Januar dazu.

Dann gibt es noch Krippen, die ganze Dorfgemeinschaften

mit Landschaften darstellen. Wie bei den neapolitanischen Krippen, worüber bereits ein Dokument aus dem 11. Jahrhundert berichtet. In der Krippenstraße der Altstadt kann man heute ganzjährig die Künstler beim Schnitzen und Malen der Figuren beobachten.

Die Idee geht zurück auf Franz von Assisi, der im Jahr 1223 seine Weihnachtsansprache um Mitternacht vor einer lebendigen Krippe in einer Höhle nahe des Klosters Greccio hielt. Heute erinnert ein Krippenmuseum am selben Ort daran. Die älteste Krippe der Welt ist nur wenige Jahrzehnte jünger und steht in der Sixtinischen Kapelle in Rom. 1560 stellten die Jesuiten in Portugal ihre erste Krippe aus, sie sind maßgeblich an deren Verbreitung in Europa beteiligt.

Doch was ist das Geheimnis der Weihnachtskrippen? Warum zieht es uns dorthin? Die Christen in aller Welt glauben, dass Jesus als Sohn Gottes in einem einfachen Stall zur Welt kam. Wissenschaftler erforschen die Geschichte von Weihnachten schon lange. Die Antwort ist unabhängig von allen Ansätzen und Fragen nach dem Wer, Wann, Wie, Wo letztlich immer: die Hoffnung. Denn ärmer geht es kaum, viel weniger als ein Bett im Futtertrog mit Stroh ist kaum denkbar. Die Voraussetzungen scheinen offensichtlich nicht die besten für dieses kleine, hilflose Wesen, das hier zur Welt kommt. Und doch ist das, was in den nachgebauten Hütten, Ställen, Höhlen festgehalten wird, der nackte, pure Anfang von etwas Bedeutendem. Ein wunderschöner Stern leuchtet über dieser ganzen Szenerie. Den habe ich oben ganz vergessen, dabei ist er so wichtig: Er bringt das Licht in die dunkle Nacht, ach, und dann ist da ja auch noch dieser Engel, der den einfachsten Menschen, den Hirten, in dieser Nacht auf dem Feld erscheint und spricht:

„Fürchtet euch nicht!"

38 Im Garten
Vom Erden, Verstecken und Aufblühen

Wir hatten gerade unser Haus bezogen. Die Küche war rosa tapeziert, ein Sofa in Pink angeschafft, und wir planten, auch den Garten in diesen Farben zu gestalten. Das Rosarot und Grün im Haus sollten sich im Garten fortsetzen. So könnten sich das Draußen und Drinnen spiegeln und eine Einheit bilden, die weiterfließt. Die Farben waren dabei wichtig, immerhin hatte ich irgendwann festgestellt, dass auch Wörter für mich welche hatten.

Irgendwann kam meine Mutter zu Besuch, sie pflanzte mit unserem Großen ein kleines Töpfchen Goldgarbe in eine Ecke unseres Gartens. „Das bisschen Gelb wird nicht auffallen", meinte sie, „ist doch ein schöner Farbtupfer", und grub die kleine Pflanze in die Erde.

Das muss jetzt etwa zehn Jahre her sein. Die Kinder sind gewachsen, die Blumen und Sträucher, die wir damals gesetzt haben, auch. Viele ganz anders als erwartet. So auch die kleine Goldgarbe. Aus der hinteren Ecke sind ihre Samen in die erste Reihe geflogen, vorbei an der Malve, die in einem Winter erfroren war und dann zwei Jahre später wieder aufblühte, dem Lavendel (wohin ist der eigentlich verschwunden?), der Echinacea, die erst im Spätsommer zu erkennen gibt, dass sie noch da ist, vorbei am Giersch, der sich selbst überall verbreitet, wo er will, und an den stolzen Rosen, die nach Marie Curie und Rosengärten in Schleswig-Holstein benannt sind. Den ganzen

Zaun entlang haben sie sich ausgebreitet, außerhalb unseres Grundstücks, zur Straße hin.

Im Theater würde man sagen: Parkett, 1. Reihe. Da kann man sich nicht verstecken, hier geht es um das Sehen und Gesehenwerden im prächtigsten Kleid. Die eigentlich 20 Zentimeter hohe Topfpflanze ist inzwischen zwei Meter hoch und hat sich ihren Platz erobert. In diesem Sommer überstrahlt ihr Gold seit Wochen unser Grundstück, Spaziergänger bleiben stehen und lächeln, Nachbarn holen sich Ableger, die Blumen überstehen die Hitze, richten sich nach einem Regenschauer wieder auf, wiegen ihre Stängel im Wind und blühen unbeirrt weiter ... „Das bisschen Gelb", höre ich meine Mutter sagen. Ja, genau, das bisschen Gelb beherrscht unseren Garten. Es ist das Erste, was man sieht, wenn man vorbeikommt. Die Idee finde ich immer noch schön, die wir damals hatten, von den Farben, die von drinnen nach draußen weiterfließen, aber was soll man in einem so hartnäckigen Fall von Durchsetzungsfähigkeit machen? Mehr Gold geht nicht! Vielleicht läuft es ja doch noch wie eigentlich geplant – und das leuchtende Gelb von draußen spiegelt sich jetzt umgekehrt drinnen in unserem Leben.

Ein bisschen ist es, als führe der Garten ein Eigenleben und wolle uns etwas beibringen – darüber, wie man seinen Platz findet, dass man seinen Kopf nach der Sonne richtet, sich im Winter verstecken und ausruhen soll, um mit voller Kraft aufzublühen, wenn es an der Zeit ist. Dazwischen gibt er uns die Chance, die Hände in seine Erde zu stecken, zu säen, zu jäten, Sämlinge zu setzen, Äste zu schneiden und schließlich geduldig abzuwarten und zu vertrauen. In dem zuversichtlichen Wissen:

Der nächste Frühling kommt bestimmt.

39 Im Zirkus
Die Nostalgie der Leichtigkeit

In den Zirkus gehen – das ist ein wirklich einzigartiges, seltenes Vergnügen geworden. Schon auf dem Festplatz, auf dem das imposante, meist gestreifte Zelt und die Wagen der fahrenden Künstler und Akrobaten stehen, kann man die sogenannte Zirkusluft schnuppern. Und im Zelt selbst erst recht. Die mobilen Bühnen, eine Mischung aus Theater und Arena mit Zeltdach, hatten ihre große Zeit im 19. und zu Beginn des 20. Jahrhunderts. Vielfach entwickelten sie sich aus wirtschaftlicher Not heraus. Gaben sie doch den Artisten, Musikanten und Künstlern die Möglichkeit, übers Land zu fahren und an wechselnden Orten aufzutreten und ein immer neues Publikum zu finden. Von Anfang an spielten Pferde und die Reitakrobatik eine wichtige Rolle.

Der Zirkus macht uns Mut zur Leichtigkeit und dazu, das Unmögliche zu wagen. Während wir auf Holzbänken sitzen und den Kopf in den Nacken gelegt staunend nach oben blicken zum höchsten Punkt des Zeltdachs, tanzen die Akrobaten oben in der Kuppel auf dem dünnen Seil oder fliegen durch die Luft. Mal mit, mal ohne sicherndem Netz unter sich. Es ist eine verrückte Kunst, die tägliches und jahrelanges Üben erfordert. Die Zuschauer halten von ihren sicheren Positionen aus den Atem an und können nicht glauben, was sie da sehen. Hinter den Zeltplanen scheint das Schwere leicht und Fliegen eine Selbstverständlichkeit zu sein.

Ähnlich ergeht es auch Besuchern des Dorfes Alsenborn in der Pfalz. Dort steht mitten auf einer Straße eine außergewöhnliche Skulptur: ein großer steinerner Elefant mit einem eisernen Pflug dahinter. Er erinnert ebenso wie ein Zirkusmuseum an die Zirkusgeschichte des Ortes, aus dem viele fahrende Artisten und Musikanten stammten und in dem sie auch ihr Winterquartier aufschlugen. Dass sie mit ihren Künsten umherziehen konnten, sicherte vielen Familien die Existenz. Im Ersten Weltkrieg soll es einmal keine Pferde mehr im Dorf gegeben haben, um die Felder zu bestellen. Also wurde das Zaumzeug angespannt und die Elefanten der Zirkusleute mussten ran. Eine von vielen unglaublichen Zirkusgeschichten, die dafür stehen, das Unmögliche möglich zu machen.

Heute reisen durch Deutschland etwa 300 Zirkusunternehmen. Bekannte Vertreter, die hier und in ganz Europa auf Tour gehen, sind der Kölner *Circus Roncalli* und der internationale *Cirque de Soleil*. Von der Schönheit der Leichtigkeit – dieses Motto könnte über beiden Shows stehen. Sie lassen ihr Publikum verzaubert und beschwingt nach Hause gehen.

Ein zentraler Charakter, der in keiner Zirkusshow fehlen darf, sind – jetzt kommt der Trommelwirbel –: die Clowns! Sie sind die Figuren, die trotz ihrer charakteristischen Melancholie und manchmal auch Traurigkeit mit einfachen Tricks und Späßen Kinder und Erwachsene zum Lachen bringen. Sie sind die vermeintlichen Underdogs unter den großartigen Meistern der Lüfte, die mit den lustigen Haaren, geschminkten Gesichtern, die mit den meist viel zu großen Schuhen über ihre eigenen Füße stolpern. Und dabei sind sie doch die wahren Helden der Manege. Sie fangen – wie der berühmte Oleg Popow – für ihr Publikum das Licht ein und zaubern ein Lächeln in die Gesichter. So sind sie die Meister des Trotzdem, die Purzelbaumschläger und Über-die-eigenen-Füße-Stolperer. Für ein Lachen geben sie alles – auch ihr Herz.

40 Unterm Dach
Geborgen im Sturm

Ich liege in der Mansarde, direkt unterm Dach. Der Regen prasselt hier besonders laut, aber auch auf seine Art außergewöhnlich zart. Es ist, als könne man jeden einzelnen Tropfen hören. Als trommelten sie zusammen ein Konzert. Eines, für das sie nicht einmal üben mussten, reine Improvisation. Ein Klangteppich von oben. Und das nur für mich.

Unterm Dach fühle ich mich behütet und geborgen. Dem Himmel näher. Warum sagen wir eigentlich nicht „gut bedacht"? Ich meine im eigentlichen Wortsinn von „beschenkt mit einem Dach über dem Kopf"? Auch im Sinne von „beschützt" und „behütet". Immerhin gehört es zu den Menschenrechten, ein Dach über sich zu haben, ein dichtes, schutzspendendes, wenn es stürmt und schneit oder die Sonne unerbittlich brennt.

Unterm Dach bin ich gern, wenn das Wetter schlecht ist, wenn ein Unwetter aufzieht und drüberzieht. Dann bleibe ich hier, kuschele mich unter die wärmende Decke, bis zur Nase, und warte, bis der Sturm vorbei ist. Unterm Dach kann ich mich einigeln und verkriechen wie eine Bärin in ihrer Höhle.

Unterm Dach spüre ich besonders gut, dass der Morgen kommt oder der Frühling da ist. Das Fenster steht einen Spalt weit offen, die Vögel sind schon wach. Ich kippe das Fenster hoch und rufe in Gedanken laut: „Hallo, Welt."

Unter einem Dach stehe ich auch an der Bushaltestelle. Der Herbst ist da, und der Winter naht, also zieht es durch alle

Ritzen der Glaswände, auf denen es befestigt ist, dieses Dach. Trotzdem bin ich froh: Zum Glück ist es da.

Viele leben zusammen unter einem Dach, manchmal sogar zwei oder mehrere Generationen. Kann sein, es sind Haustiere dabei, Hunde, Katzen, Meerschweinchen. Alle unter einem Dach. Dann kann es Konflikte, Fragen, Probleme geben – unter diesem Dach. Und genauso Lösungen, Hoffnung, Freude.

Kinder bauen sich selbst ein Dach aus Sesseln, Kissen und Decken. Kurz darauf drehen sie es um, plötzlich ist es ein Piratenschiff, das über die sieben Weltmeere segelt. Der Besenstiel, der das Dach gerade noch trug, ist nun sein Mast.

Es gibt diesen unsäglichen Ausspruch: „Solange du deine Füße unter meinen Tisch" usw. Er ist es wirklich nicht wert, ihn in Gänze zu wiederholen. So viele Kinder, Jugendliche, junge Erwachsene mussten ihn sich anhören und darunter leiden. Doch wie wäre es endlich mal mit einer guten Alternative? Einem Versprechen, etwa so:

„Solange du unter meinem Dach lebst, ist meine Liebe da. Und wenn du einmal gehst und deine eigenen Dächer suchst, findest, baust, die dir Schutz bieten, wird sie dich begleiten."

41 Auf der Ritterburg
Zeitreise ins Mittelalter

Sie prägen das Bild Europas und vielerorts unsere Städte: die Burgen. Und wer hat als Kind nicht die Faszination verspürt, in den alten Mauern und Ruinen eine längst vergangene Zeit zu entdecken und einen Hauch von Abenteuer zu verspüren? Die verfallenen, manchmal auch sorgfältig restaurierten Gemäuer sind Zeugen aus einer anderen, sicherlich sehr harten, aber auch faszinierenden historischen Epoche: dem Mittelalter.

Aus heutiger Sicht stellen wir uns das Leben auf einer Burg mit angeschlossener dörflicher Struktur, Mauern und Burggraben im wahrsten Sinne des Wortes düster vor und kalt, ohne elektrisches Licht und Zentralheizung. Andererseits muss es auch sehr bunt und lebendig gewesen sein. Wer einmal auf einem Mittelalterfest war, bekommt einen Eindruck davon, welche Kleidung man damals trug, wie der Honigwein und die Brotfladen aus dem Steinofen schmeckten und wie es war, bei Ritterspielen mit Pferd und Lanze zuzuschauen.

Ein eigenes Bild kann und muss man sich auf den Burgen selbst machen. Ich gebe zu, dass ich es schon als kleines Mädchen geliebt habe, auf Überresten von Burganlagen herumzukraxeln, die noch vorhandenen Stufen hinab- und hinaufzusteigen und mir zu überlegen, was in diesem Raum mit Gras- und Geröllboden, ohne Dach und Glasfenster wohl früher einmal alles stattgefunden haben mag. Ob da der Ballsaal war, ein Schlafzimmer oder vielleicht die Küche? Und in dem nächsten Zimmer, ein paar Stufen höher, oder in dem an der Seite, dessen Mauern heute über und über mit Efeu bewachsen sind – fast so, als habe Dornröschen hier geschlafen? Wieder dreht man eine Runde und noch eine und entdeckt da einen kleinen Erker, dort eine dunkle Kammer, hier ein großes Loch in der Erde. War dort das Verließ oder etwa das Versteck für einen fürstlichen Schatz? Fragen über Fragen, die die Fantasie anregen und auf die es nicht immer Antworten gibt. Aber das macht auch nichts, denn in unserer Vorstellung erschaffen wir uns die vergangene Welt, und es ist einfach eine große Freude, zu klettern, die Hände auf die jahrhundertealten Steine zu legen und kurz abzutauchen in eine ganz andere Zeit.

Eigentlich dachte ich, dass man nur als Kind so empfindet. Doch als ich mit meiner Familie eine Lieblingsburgruine aus meiner Kindheit besuchte, war das alte Gefühl immer noch da. Mag sein, der Körper und die Füße erinnern sich daran, wie es ist, über die harten, holprigen Steine zu hüpfen. Die Überreste einer Ritterburg zu erkunden, ist ein bisschen wie eine Schatzsuche – durch Räume und Zeiten, auf und ab über Stiegen und Treppen, bis zu dem Punkt, wo man den schönsten Ausblick hat. Auf das nächste Dorf, die dichten Wälder und Täler, sich durch die Landschaft schlängelnde Flüsse und weitere Berge, auf denen vielleicht andere Burgen stehen. Sie lagen so hoch, um sie nicht so leicht erstürmen und erobern zu können und um heranziehende Feinde schon von Weitem ausfindig zu machen. Heute schenken sie uns Einblicke in eine sagenumwobene Zeit inklusive ihrer Vorstellungen von Ehre und ihres Ritterlichkeitsideals. Wer hätte das damals gedacht?

42 Am Fluss
Verbunden mit dem Meer

Irgendwann in meiner Studentenzeit fiel es mir auf, dass ich sie liebe: Städte am Fluss. Damals saß ich auf Treppenstufen, nicht weit von meiner WG, wo es im Sommer unerträglich heiß war, um für Prüfungen zu lernen, und schaute auf das vorbeiströmende Wasser. Es war derselbe Fluss wie der, an den mich das Leben auf Umwegen später wieder schickte und wo ich heute wohne. Nur weiter flussabwärts, näher zur Mündung ins Meer als zur Quelle.

Viele bedeutende Städte befinden sich an Flüssen: Paris, London, New York, Moskau, Tokio, Kairo, Dresden, Köln. Die Liste ist unendlich – so wie die Quellflüsse und Zuläufe, Bäche und Wasseradern, aus denen die großen Ströme sich speisen. Sie entspringen als kleine sprudelnde Quellen in Bergen und Wäldern, durchziehen Auenlandschaften, um sich viele Meilen später im Meer zu verlieren. Ihre Mündungen sind offene Tore, die willkommen heißen. Dann erkennt man nicht mehr, welche Tropfen vorher Quelle, Bach, Fluss waren, alles wird eins und fließt ins große Ganze. Bis zum Horizont. So weit man schauen kann.

Natürlich bauten unsere Vorfahren ihre Siedlungen an Flüssen, ganz einfach, weil Flüsse Leben bedeuten. Am Rhein leben seit mehr als 600 000 Jahren Menschen. Hier konnte man Felder bestellen und bewässern. Es gab genügend Trink- und Nutzwasser. Als Transportwege machten sie Handel möglich. Waren konnten verkauft und bezogen werden, Menschen in andere Regionen reisen, sich verbinden und neue Welten kennenlernen. Oft dienten Flüsse auch als natürliche Grenzen, die schwer zu überwinden waren. Heute sind sie wichtige Freizeiträume. „Bei euch ist es ja wie im Urlaub", sagen unsere Gäste, sobald wir mit ihnen am Fluss spazieren gehen oder über die Brücke fahren.

Heute können wir uns an die Uferpromenaden – je nach Flussabschnitt befestigt oder naturbelassen und wildromantisch – setzen und beobachten, wie das Wasser und die Schiffe vorbeiziehen, manchmal auch die Sorgen. „Alles fließt, *panta rei*" – hier lernen wir, was Heraklit mit seinem bekannten Ausspruch meinte. Nichts steht still, alles ist in Bewegung. Auch die Flüsse selbst, sie sind Verwandlungswunder, prägen die Landschaften entscheidend, schlagen trennende Schneisen zwischen den Ufern. Aber in allererster Linie verbinden sie: Menschen, Räume, Orte.

In Städten am Fluss ist Bewegung, es gibt ein Rein und ein Raus, ein Ankommen und Weitergehen. Im direkten und auch im übertragenen Sinn. Und sollte man dies einmal nicht mehr spüren können, fürchten, die Welt stünde still und man selbst auch, dann empfehle ich, an einen Fluss zu gehen, auf seinen Strom zu schauen und durchzuatmen. Anders als bei den Gezeiten am Meer geht es hier nicht um das Hin und Her, nicht um Wiederkehr, sondern um Weitergehen. Wer auf der Suche nach dem Flow ist und sich blockiert fühlt, ist hier genau richtig. „Wir steigen in denselben Fluss und doch nicht in denselben, wir sind es und wir sind es nicht", schreibt Heraklit noch in seinen *Flussfragmenten*. Es geht weiter, immer weiter – flüstern der Strom und der Wind in den Bäumen und das Gras, das sich am Ufer biegt. Dann fährt ein Tanker vorbei, sodass die Wellen ans Ufer schlagen … sie wissen, auch wenn wir es nicht sehen und vielleicht auch nicht glauben können, irgendwann, schon bald, kommt das Meer.

43 Beim Picknick
Das Glück auf einer Decke

Lange nicht gepicknickt? Dann wird es vielleicht wieder mal Zeit …

Was mitnehmen? Und wohin soll's gehen? So lauten dann die naheliegenden Fragen. Brötchen, Gemüsesticks, Dips, Schichtsalat, gekochte Eier, Würstchen, Käsewürfel … und natürlich Kuchen – die Liste der beliebtesten Picknickspeisen ist lang. Immer neue Rezepte füllen ganze Kochbücher mit Fingerfood für unterwegs, praktische Verpackungs- und Transporttipps inklusive. Vom Schichtsalat bis zum Gugelhupf im Glas.

Doch wer hat das Picknick eigentlich erfunden? Darüber streiten sich die Franzosen und die Engländer. Und das, obwohl schon in der Antike gern draußen gespeist wurde. *Eranos* hieß ein solches Open-Air-Festmahl bei den Griechen, die Römer nannten es *Prandium*. Im 17. Jahrhundert zog es die Adligen für ein derartiges Vergnügen hinaus ins Freie. Viele Parkanlagen entstanden vorwiegend zu dem Zweck, sich auf verschiedene Weise zu „verlustieren". Etwa für das „Kleinigkeiten picken" („piquer" und „nique"), wie der Begriff wörtlich übersetzt werden kann, 1692 zum ersten Mal erwähnt in den *Origines de la Langue Française* von Tony Willis.

Wichtig war dabei, dass jeder Gast etwas zur gemeinsamen Mahlzeit beisteuerte. Auch in englischen Texten tauchte das Wort „Picknick" für kulinarische Veranstaltungen auf. Die Industrialisierung brachte die Menschen mit der Eisenbahn aufs Land. Königin Victoria, die es liebte, in der freien Natur zu tafeln, machte das Picknick schließlich zur Mode. Und weil das nicht ohne Five-o'clock-Tea vonstattengehen durfte, musste zudem ein mobiler Wasserkocher erfunden werden. Denn die heute in allen Farben und Größen beliebten Thermoskannen gab es damals noch nicht. Auch die Idee mit dem Picknickkorb stammt aus dieser Zeit – bereits 1910 entwarf Louis Vuitton eine schicke Version fürs Automobil.

Picknick ist am schönsten auf einer grünen Wiese mit Ausblick, zum Beispiel auf einen Fluss, den Wald, die Berge. Aber auch an einem Rastplatz oder auf einer Bank unterwegs kann es als Zwischenstopp zelebriert werden. Mittelpunkt des Ganzen ist die Picknickdecke. Sie hält die mitgebrachten Speisen und Getränke, aber auch die Picknicker zusammen und gibt der Szenerie ihren Rahmen. Es kann eine moderne Ausführung sein, oben aus buntem Fleece, unten mit wasserdichter Alubeschichtung. Genauso gut kann natürlich eine echte Tischdecke als Auslage auf dem Boden umfunktioniert werden. Illustre Anregungen gibt es vielfach in Malerei und Literatur, von Manet bis zum Kinderbuchklassiker *Der Wind in den Weiden*.

Zeit beim Essen gemeinsam in der Natur zu verbringen, hat inzwischen in vielen Ländern Tradition: Die Japaner feiern so mit Korb und Familie jedes Jahr die Kirschblüte unter duftenden Bäumen, während es rosa Blüten auf die Decken schneit. In Mexiko versammelt man sich am Tag der Toten mit Essen und Trinken an den Gräbern der Liebsten. Die Engländer picknicken zu gesellschaftlichen Ereignissen wie dem Tennisturnier in Wimbledon oder beim Pferderennen in Ascot. Die Römer zieht es am 1. Mai mit *fave e pecorino* (frische Saubohnen und Pecorino-Käse) hinaus aus der Stadt.

Übrigens: Picknicken kann man auch drinnen. Seit einigen Jahren gibt es bei uns in der Familie im Adventskalender

Zeitgutscheine. Diese verleihen Dingen, die man ohnehin machen würde – wie Plätzchen backen, Baum aussuchen, dekorieren –, eine größere Aufmerksamkeit und Wertschätzung. Das gemeinsame Frühstück im Bett und das winterliche Picknick im Wohnzimmer erfreuen sich dabei großer Beliebtheit. Übrigens lässt sich das auch bestens für den Sommer arrangieren. Lust auf ein Frühstück im Garten? Ein Mittagessen im Wald oder eine Kaffeetafel auf der Picknickdecke am Fluss? Dann wünsche ich dafür ganz viel Freude und einen

guten Appetit!

44 Im Gewächshaus
Ich bin dann mal in den Tropen

Beim Öffnen der Tür strömt einem feuchtwarme Luft entgegen, und sofort ist man in einer anderen Welt. Umgeben von hohen Bananenstauden, Palmen, Riesenkakteen geht man über steinerne Platten zu einem Teich voller Seerosen. Irgendwo sprüht ein Luftbefeuchter feinen Wassernebel auf die langen grünen Blätter. Die Zitronenbäume hier haben nicht viel zu tun mit den winzigen Pflanzen, die wir von Terrassen und Balkonen kennen. Hier ist alles üppiger, höher, größer. Das unerwartete Dschungelfeeling in Köln, Hamburg, München und anderswo lässt uns beeindruckt nach oben schauen. Durch eine helle Konstruktion aus Glas und Metall fällt Sonnenlicht herein. Die Bauweise erinnert an den Eiffelturm und die Moden dieser Zeit. Als Menschen mit Zylinder, Gehstock, langen Röcken, hochgeschlossenen Rüschenblusen und opulenten Damenhüten durch europäische Metropolen flanierten – und das ist kein Zufall. Denn das 19. Jahrhundert war eindeutig auch die Blütezeit der stattlichen Gewächshäuser und Orangerien.

Am Anfang war die Ananas! Aus den Kolonien in Übersee brachte man exotische Pflanzen nach Europa. Dafür erfand der Arzt Nathanael Ward sogar ein mobiles Mini-Gewächshaus, in dem die empfindlichen Pflanzen überlebensfähig waren und transportiert werden konnten. Mit der Industrialisierung und der Erfindung von Heiz- und Belüftungstechniken wurde es möglich, riesige Glas-Guss-Konstruktionen zu bauen, warm zu halten und zu belüften. Bis heute beeindrucken uns die grünen Paläste durch ihr elegantes Erscheinungsbild. Drinnen kann man sich an den außergewöhnlichen Pflanzen und Blumen nicht sattsehen.

1851 fand die allererste Weltausstellung in einem gigantischen Gewächshaus in London statt. In der zweiten Hälfte des 19. Jahrhunderts verbreiteten sich die üppigen Pflanzenmuseen von England aus rasant über Europa und Nordamerika, viele stehen inmitten botanischer Gärten und Parks: 1882 eröffnete in Wien das *Schönbrunner Palmenhaus*. In Berlin entstand ab 1905 das *Große Tropenhaus*. Das *Temperate House* in Kew Gardens in London ist das größte viktorianische Gewächshaus der Welt. Der königliche Garten der Gärten wurde unter Queen Victoria gegründet, die Anlage zeigt, geografisch unterteilt, Pflanzen aus Amerika, Afrika, Australien, Asien und dem Himalaya. Darunter die älteste Orchideensammlung der Welt mit über 5000 Arten und einer Millennium Seed Bank mit Samen der meisten bekannten Arten.

Übrigens sind die Gewächshäuser keine Erfindung der Neuzeit. Schon in der Antike bauten Ägypter und Römer bereits Pflanzen in Gewächshäusern an und hatten erkannt, dass Sonneneinstrahlung auf durchsichtige Materialien Räume wärmt.

Wurden die nostalgisch anmutenden Gewächshäuser, die wir heute bewundern, einst als kolonialistische Pflanzenschau mit Vergnügungscharakter gebaut, sind sie inzwischen wichtige Wissenschaftsstandorte zur Erhaltung der Artenvielfalt sowie Pflanzen- und Klimaforschung. Gerade für den Forschungszweig Bionik, der Strukturen und Prozesse aus der Natur erfolgreich in der Technik adaptiert, leisten sie einen zentralen Beitrag. Für die Besucher sind sie faszinierende Zeugnisse aus einer anderen Zeit, die, sobald man sie aus der Ferne entdeckt und erst recht beim Betreten, in eine andere Welt entführen.

45 Straßenpoesie
Wo die schönen Worte wohnen

Das mit dem Glück ist so eine Sache. Viele Sprichwörter im Deutschen machen dies deutlich. Mal steht das Glück vor der Tür, mal ist es vor allem mit dem Tüchtigen, es bricht so leicht wie Glas. Und letztlich ist jeder doch seines Glückes Schmied. In diesem Buch geht es darum, dass es oft bereits da ist und wir es nur sehen, entdecken, erkennen dürfen. Um es dann, wie der Sänger Max Raabe, willkommen zu heißen: *Guten Tag, liebes Glück!* Das muss gar nicht so eine große Sache sein, manchmal setzt es sich aus vielen kleinen Mosaiksteinchen zusammen. Solche Bestandteile, die dem Leben Farbe und Kraft und Fülle geben, sind Worte. Ich mag es, mit Worten zu leben – und das kann jeder, denn Worte sind allgegenwärtig …

Sie stehen auf Postkarten, hängen in Schaufenstern, blinken auf Handydisplays, sie warten in Zeitungsrollen, drehen sich auf Litfaßsäulen, schauen von Großplakaten, sie schmücken Kaffeetassen und Halsketten. Sie tragen durch den Tag, beflügeln, berühren, sie vereinen. Sie haben Kraft, klingen wie Musik. Sie riechen nach Druckerschwärze und knistern auf Papier. Sie wachsen, sie verändern, sie strahlen, sie grüßen, sie fließen. Sie plätschern dahin, sie flüstern Schwüre, sie lachen, sie schweigen. Sie bleiben.

„Du bist mein Glück!"

So steht es auf dem grauen Beton der Autobahnbrücke, einer Lilly gewidmet von Ali. Menschen rasen morgens auf dem Weg zur Arbeit darunter hindurch. Viele mögen denken: Was für eine Schmiererei. Lilly und Ali sehen das ganz sicher anders. Auf dem Weg zu meinem Termin komme ich am Bioladen vorbei. Auf einer Tafel vor den Gemüsekörben steht mit Kreide geschrieben:

> „Und manchmal, da flüstert das Glück ganz leise:
> Du bist dran!"

Das nehme ich einfach mit als gutes Omen, wer weiß, was der Tag noch bringen mag. Wenn man genau hinschaut, können einem so viele Worte begegnen, sie beschriften und begleiten unseren Tag. Sie verstecken sich in staubigen Kisten auf dem Dachboden. Sie rutschen hinter Regale, lachen als Lippenstift-Liebe vom Spiegel. Sie schließen sich im Tagebuch als Erinnerungen ein. Sie kleben an Straßenbahnscheiben, schwimmen in der Flaschenpost oder fliegen auf Servietten gedruckt in Flugzeugen um die Welt.

Schön, dass sie da sind, die Worte. Manche erzählen von früher, sie schauen nach vorne. Sie glitzern auf T-Shirts, sie stehen auf der Haut, sie verkaufen Schokolade, sie zieren Suppentüten und Jutetaschen, sie hängen im Supermarkt und auf Wäscheleinen, sie fließen aus Tastaturen und tönen aus Lautsprechern, sie flackern über Bildschirme. Sie stehen auf dem Bahnhofsklo und in U-Bahn-Tiefen. Sie können schwarz sein, goldgelb, rosarot und tintenblau.

In der Mittagspause im Park fällt mein Blick auf einen Stein. Seine Oberfläche ist glatt. Wie es aussieht, hat eine Kinderhand etwas darauf verewigt:

> „Glaub an Wunder."

Das möchte ich so gern tun. Ich nehme den Stein und stecke ihn in meine Tasche, denn ich habe eine Idee ... Zu Hause hole ich ihn wieder raus, ich lege ihn Frau Schmidt von gegenüber aufs Fensterbrett. Sie ist schon alt, ohne Hilfe verlässt sie nicht mehr das Haus. Dafür sitzt sie viel am Fenster und schaut. Und morgen früh, wenn sie es aufmacht, dann wird sie sich für einen Moment seit Langem mal wieder von Herzen *wundern*.

46 Unter der Kuscheldecke
Hej, Welt, bleib draussen!

Es gibt solche Tage … da möchte man sich am liebsten verkriechen und rufen: „Hej, Welt, heute ohne mich. Bleib du mal draußen!" Dann heißt es kurz aufstehen, einen Kaffee, Tee oder Kakao kochen und, schwupp, wieder unter die Kuscheldecke schlüpfen. Die anschmiegsamen Helfer fürs Wohlbefinden gibt es im Kleinformat, um Babys einzuwickeln, mittelgroß für Kinder und in circa einem auf zwei Meter-Format für alle, in vielen verschiedenen Farben und Mustern und Materialien. Egal ob Patchwork, Nicki, Wolle oder Fleece, weich muss sie sein! Das ist ein Muss. Einfach so angenehm wie möglich. Frei nach Herbert Grönemeyer könnte man singen: „Kuscheldecken nehm'n in den Arm, Kuscheldecken geben Geborgenheit." Letzteres ist übrigens ein typisch deutsches Wort, das – dies nur am Rande – gar nicht so leicht in andere Sprachen übersetzt werden kann.

Der wohl berühmteste Decken-Vertreter kommt aus den USA: Der amerikanische Karikaturist Charles M. Schulz erschuf seinen Comic über die *Peanuts*, eine Gruppe von Vorstadtkindern, ihren Hund Snoopy und den Vogel Woodstock. Zu ihnen gehört auch Linus van Pelt, Freund der Hauptfigur Charly Brown und Bruder von Lucy. Die mit den dunklen Haaren. Der stille, kluge Junge, der als Philosoph der Serie fungiert, ist der wohl berühmteste Schmusedecken-Liebhaber der Welt. Seit der Erstausstrahlung in den USA am 1. Juli 1954 trägt er den blauen Stoff über der Schulter und nimmt ihn überallhin mit. Oft nuckelt er dazu am Daumen, und obwohl er zugleich als der Weise in der Geschichte gilt, hängt er extrem an seiner Decke und kann sie nicht loslassen. Sie gibt ihm Sicherheit. Verliert er sie oder jemand nimmt sie weg, geht es ihm sowohl körperlich als auch seelisch mies.

Mit so einer Decke lässt sich gut mal ein Tag auf der Couch oder im Bett verbringen, mit einem guten Buch mit Glücksfaktor dazu ☺ oder einer schönen TV-Serie. Die gab es leider noch nicht, als der russische Romanheld Oblomow entschied, viele Tage im Bett zu bleiben, am liebsten für immer. Was natürlich zu viel des Guten war, aber zu einem eigenen Terminus führte, der *Oblomowschtschina* („Oblomowerei"), der untätigen Lethargie. Diese ist hier aber nicht gemeint. Wer sich also ganz bewusst für ein paar Stunden einkuschelt, um sich eine gemütliche Auszeit zu nehmen, pflegt das erquickende Nichtstun, um danach gestärkt in den Alltag zurückzugehen.

Kuscheldecken sind übrigens auch ein tolles Geschenk für Menschen jeden Alters. Denn solche Tage wie oben beschrieben kennen wir doch alle. Wohl dem, der eine Decke hat!

47 AM HAFEN
SCHIFFE GUCKEN AM KAI

Sitting on the Dock of the Bay – Nie ist das Gefühl des Müßiggangs, an einem Kai zu sitzen, während die Schiffe kommen und gehen, treffender ausgedrückt und in Musik verwandelt worden als in diesem Song von Otis Redding aus dem Jahr 1967. Er handelt von der Ruhe, der Verbundenheit, die jemand spürt, an einem Platz am Hafen sitzend. Das ist wohl das, was Achtsamkeitsratgeber beschreiben mit: im Hier und Jetzt sein. Sich der Stimmung des Augenblicks hingeben – go with the Flow. In diesem Fall perfekt untermalt vom dahinplätschernden Rhythmus der Wellen.

Wenn ich an den Hafen als Sehnsuchtsort zum Auftanken und Durchatmen denke, kommen mir natürlich Häfen in den Sinn, an denen ich bereits saß: In Gedanken hole ich mir in Wismar ein frisches Fischbrötchen am schwankenden Kutter, beobachte in Lindau am Bodensee, wie die Schiffe sicher durch die Spalier stehenden Löwenköpfe navigieren. In Hamburg bestaune ich das geschäftige Treiben um die vollgeladenen Containerschiffe und hohen Kräne am viel beschriebenen „Tor zur Welt", bewundere in Rotterdam die moderne Architektur, wandle in Triest auf den Spuren von James Joyce und wundere mich in Piran, an der nur 50 Kilometer langen slowenischen Mittelmeerküste, über das kristallklare Glitzern des Wassers in der Mittagssonne und darüber, dass so wenige Touristen da sind. Denn das malerische Städtchen mit den bunten Häusern und italienisch anmutenden engen Gassen ist nach wie vor ziemlich unbekannt.

Doch was überall gleich ist, ist diese einzigartige Mischung aus Ruhe und Lebendigkeit, die einen am Hafen überkommt – ganz egal, ob dieser an der Nordsee, dem Ozean, an der Elbe oder am Schwarzen Meer ist. So entschieden wir bei einem Kurztrip nach London spontan, mit dem Auto via Fähre anzureisen. Über eine Internetplattform konnte man Parkplätze mieten. Von dort waren es noch etwa zehn Gehminuten zum Hotel. Leider war es der heißeste Tag seit Beginn der Wetteraufzeichnungen. Am liebsten hätten wir uns auf der Stelle ins Hotel gebeamt.

Das änderte sich schnell, als wir auf der Route dorthin an einem uns bisher unbekannten, zauberhaften Binnenhafen vorbeikamen, der hinter dem Tower und der Tower Bridge liegt – Sankt Catherines Docks. 1828 wurde er eröffnet, 1968 geschlossen und im neuen Look saniert. Inmitten dieses Karrees lagen Boote, kleinere Jachten neben historischen Segelschiffen. Junge Leute chillten an Deck oder hüpften ins Wasser, um sich abzukühlen. Die Tische in den Restaurants ringsherum waren gut besetzt. Sofort war klar, das würde nichts mit Ausruhen im Hotel, hierher wollten wir definitiv schnellstmöglich zurück, auf die historischen Lagerhäuser schauen, das Wasser und die Schiffe. Es war, als hätte uns der kleine Hafen in der Stadt begrüßt, vierzig Grad hin oder her. Er sollte auch in den nächsten Tagen unsere Anlaufstelle werden, wenn wir von den Stadtrundfahrten und Spaziergängen zurückkamen. Als wir schließlich am letzten Tag etwas wehmütig denselben Weg zurück zum Parkhaus nahmen wie am ersten in die City, drehten wir uns am Ende der Docks noch einmal um, machten ein Abschiedsfoto und – das ist wirklich wahr! I promise – am blauen Sommerhimmel war eine Herzwolke zu sehen.

„Auf Wiedersehen. Good bye, see you, London!"

48 Im Lieblingsrestaurant
Speisen mit dem gewissen Etwas

Wenn ich mir ein Lieblingsrestaurant vorstelle für diesen Wohlfühlort, fallen mir verschiedene Städte und logischerweise unterschiedliche Restaurants, Bistros, Cafés ein. Gehe ich die verschiedenen Lebensphasen einmal durch, erscheint ein italienisches Restaurant vor meinem inneren Auge, vielleicht sogar eines, das die Summe ist aus all den positiven Erfahrungen mit italienischen Restaurants, die ich schon gemacht habe. So eine Art Sehnsuchtssammelbar.

Dort gibt es leckeres Essen. Lecker ist ein merkwürdiges Wort, vor allem weil im Deutschen für Essen kaum ein anderes existiert. In dem Lieblingsrestaurant jedenfalls gibt es gutes Essen, das ist ja klar, sonst wäre es sicher kein persönlicher Lieblingsort. Die Frage ist natürlich auch zeitgleich: Warum schmeckt es dort so gut? Was macht den Geschmack eigentlich aus? Sind es die Gault-Millau-Sterne auf dem Schild neben dem Eingang? Sind die Speisen mit Liebe gekocht und wird diese in der Küche wie eine extra Prise Salz oder Spezialkräuter zugefügt? Ich meine, es sind verschiedene Zutaten, die uns sagen lassen: „Das war die beste Bolognese meines Lebens!"

Es sind die Menschen, die uns begrüßen und wiedererkennen, sich freuen, dass wir endlich mal wieder vorbeischauen. Es ist die Tatsache, dass wir freihaben, vielleicht eine herausfordernde Woche gemeistert. Es sind die Atmosphäre, das Licht, die Gäste am Nachbartisch, mit denen wir kurz ins Gespräch kommen. Die karierte Tischdecke, die uns an das Wochenende erinnert, als wir so verliebt und zum ersten Mal in Rom waren. Die Tatsache, dass der Kellner unseren Lieblingswein kennt und ohne Umschweife fragt, ob er ihn bringen soll. Das alles macht diese Pasta an diesem Abend und in diesem Augenblick zur besten unseres Lebens.

Ein gutes Beispiel dafür ist eine Weinkreation, die wir im Urlaub entdecken und dort sehr gerne trinken, mit Blick aufs Meer, den Canale Grande, die Berge … Wenn wir dann die als Souvenir erstandene Flasche zu Hause im Garten genießen, schmeckt der Wein auf einmal ganz anders. Obwohl es genau die gleiche Lieblingssorte ist von der Reise, die der gut gelaunte Francesco dort jeden Tag serviert hat in einfachen Gläsern. Dazu hat er lustige Anekdoten zum Besten gegeben, und wir waren stolz, diese mit unseren begrenzten Sprachkenntnissen zu verstehen.

Im Lieblingsrestaurant, sei es auf Reisen oder daheim, hat man das Gefühl, obwohl man ausgeht, an einem vertrauten Platz zu sein, an dem man willkommen ist. Orte prägen Menschen, aber es sind – wie eingangs erwähnt – auch die Menschen, die die Orte prägen. In Restaurants, Bistros, Cafés dürfen wir zu Gast sein, jemand kocht für uns, deckt den Tisch, fragt, ob es uns geschmeckt hat, ob wir noch etwas wünschen, und freut sich, wenn wir wiederkommen. Das ist etwas Besonderes. Nicht nur die Liebe, auch das Wohlfühlen und das Zu-Hause-Sein gehen durch den Magen. Als Mädchen, das als vierte Generation in einem Gasthaus aufgewachsen ist und das am Stammtisch den Geschichten der Großen gelauscht hat, lade ich selbst sehr gerne ein, um es für andere schön zu machen. „Gasthaus-Gen" nennt das meine Freundin lachend. Umgekehrt weiß ich es aber ebenfalls sehr zu schätzen, zu Gast zu sein.

Zeit und Lust mal wieder essen zu gehen? Bis zum nächsten Mal an dem schönen Tisch in der Ecke.

49 In der Hängematte
Mit Schwung ins Sommerglück

Das Bild stand mir ewig vor Augen: ein Stück gestreifter Stoff, den man an zwei Seilen zwischen zwei Bäumen aufhängt, idyllischerweise darunter am liebsten ein Apfelbaum. Aber die Realität war eine andere: Noch nie hatte ich eine Hängematte gehabt, nicht mal in einer gelegen.

Wenn es Sommer wird, sind Hängematten in allen Garten- und Haus-Zeitschriften vertreten, dort hängen sie in malerischen, wildromantischen und dennoch gepflegten Gärten und warten auf Liegefreudige. In Filmen wird sogar mal spontan in ihnen übernachtet. Im echten Leben hängen sie aber gar nicht so oft und einladend in der Gegend herum. Was sicher in vielen Fällen, wie oben erwähnt, an der Abwesenheit passender Bäume liegt.

Dass wir sie trotzdem für die Sommerferien in der Coronazeit für die Familie besorgten, war ein Glücksfall. Das örtliche Schwimmbad war zuerst geschlossen, später nur mit großen Einschränkungen zu nutzen, und auch sonst war einiges komplizierter. Also friemelten wir, auch aus Mangel an starken Baumstämmen oder Ästen, unsere Stoffbahn über Eck in die alte Buchenhecke. Und was soll ich sagen? Das war die beste Idee überhaupt! Im Wechsel saßen oder lagen immer ein Familienmitglied oder auch Freunde in der bunten Matte. Man glaubt es ja nicht, was man in und mit einer Hängematte alles machen kann. Klar, sitzen und schaukeln, liegen, dösen und schlafen. Eis essen, auf alle Fälle. Aber auch mehrgängige „Menüs" kann man im Schneidersitz darin einnehmen, allein oder zu zweit, Sommercocktails im Sonnenuntergang schlürfen, tausend Seiten starke Hörbücher hören, dicke Bücher lesen, Briefe schreiben und Postkarten an Herzensmenschen, bei denen man sich seit ewigen Zeiten nicht gemeldet hat, ganze Städte aus Lego bauen und Stöcke fürs Stockbrot schnitzen. Das ist wichtig, denn es gibt ja auch noch ein Leben um die Hängematte herum. Wenn es richtig heiß ist, muss ein Planschbecken davor aufgeblasen und gefüllt werden. So hat man sitzend und schaukelnd eine wunderbare Abkühlung, streift mit den Füßen durchs Wasser oder hält zu einem nassen Zwischenstopp an. Die Erfahrung hat gezeigt, dass es ein Riesenspaß ist, auf einem Planschbecken Surfversuche mit Brett zu machen und sich dabei an der Hängematte mehr weniger als mehr festzuhalten. Oder es zu versuchen. Wenn dann noch *Surfing USA* von der Playlist aus dem mobilen Lautsprecher scheppert, geht als Steigerung nur noch Miami Beach. Sorry, Freibad!

Übrigens gibt es auch dünne Hängematten-Exemplare aus Segeltuch zum Mitnehmen. Damit kann man auch unterwegs im Wald oder Park „herumhängen" wie ein Faultier.

Erfunden haben soll die schaukelnde Unterlage der griechische Feldherr Alkibiades, der im vierten Jahrhundert vor Christus lebte und sein Bett an Deck einer Galeere aufgehängt haben soll. Funde zeigen, dass es sie in Südamerika schon viel früher gab. Im 16. Jahrhundert übernahm die britische Marine schließlich diesen Brauch, die hängenden Stoffbetten waren auf ihren Schiffen platzsparend, bei stürmischer See fiel man nicht so leicht heraus, angeblich halfen sie auch gegen Seekrankheit. Noch später dann hing man sogar im Weltall herum, die ersten Mondlandenden nahmen sie zum Relaxen mit auf die Apollo 11. Angesichts dieser wilden Historie ist es dann auch überhaupt kein Wunder, dass man im eigenen Garten so viel mit einem Stück buntem Stoff erleben kann.

50 Auf dem Flohmarkt
Dies, das, Ananas

„Haben Sie Eichhörnchen?", fragt meine Freundin. Dass sie darauf keinen verwunderten Blick, sondern ein Lächeln erntet, liegt daran, dass wir auf dem Flohmarkt sind. Und wirklich, die Dame zeigt auf den äußeren Rand ihrer Verkaufsfläche, die ehemals ein Tapeziertisch war. Zwischen Rosenthal-Schüsseln, Eierlöffeln und Brettspielen hockt ein Eichhörnchen aus Porzellan. Meine Freundin freut sich. „Siehst du!", sagt sie. Ich weiß, was sie mir damit sagen will. In den vergangenen Jahren – es mag mit der Pandemie und den Lockdowns zu tun haben – haben sich die Haus- und Hofflohmärkte geradezu virusartig verbreitet. Während viele ihre Keller ausgemistet haben, sind die Freundin, mein Mann und ich zu einem guten Trödelmarktteam herangewachsen.

Auf den Flohmarkt zu gehen, ist eine besondere Freizeitaktivität, die umso mehr Freude macht, wenn man in Begleitung von Menschen ist, die dafür gemacht sind. Meine Freundin ist genau der Typ Mensch, der auf dem Flohmarkt immer, ich betone *immer!*, irgendein Schnäppchen macht, das aber überhaupt nicht danach aussieht, sondern vielmehr wie ein Designerstück. Dieses Talent hat sie mit meinem Mann gemeinsam. Ich hingegen scheitere schon am Handeln.

„Du darfst es nicht unbedingt haben wollen", erklärt mir mein Mann für Anfänger.

„Ich will es aber, sonst würde ich ja nicht nach dem Preis fragen", erwidere ich.

„Ja, klar", antwortet er, „aber das dürfen die Verkäufer nicht merken."

„Hä?!" Wie soll das denn gehen?

„Es ist ein Spiel", setzt die Freundin obendrauf. „Man kann auch verlieren, das musst du sportlich sehen. Dann kommt eben die nächste Runde." Hmm, das hängt mir zu hoch.

Sie hat ihres jedenfalls gerade gewonnen, das Eichhörnchen wandert in den mitgebrachten Beutel. Zu Hause wird sie es so gekonnt und mit der nebenbei erstandenen Porzellan-Ananas zwischen Blumen, Kerzen und Gedecken auf dem Esstisch dekorieren, dass man absolut sicher sein wird: Eichhörnchen sind *der* neue Trend in allen Wohnmagazinen! Man wird es nicht fassen können, den bisher verpasst zu haben. Und ich schwöre, nach diesem Sonntagskauf werde ich die niedlichen Tierchen überall zu sehen bekommen, in der Herbstdeko der Apotheke, auf verzierten Torten, auf Postkarten und den ersten Weihnachtstischen im Handel. Das ist übrigens Wahrnehmungspsychologie – man kennt es von einer neuen Brille, Haarfarbe oder Hose. Kaum gekauft, tragen die auf einmal alle Leute.

Meine Freundin kennt sich mit Trendsetten aus – und mit Flohmarktpsychologie. Ich wiederum liebe es, mich treiben zu lassen, vom antiken Schmuck zu den Klamottenständern, rüber zu den alten Modezeitschriften, hin zum Porzellan (bei Büchern und Porzellan kann ich einfach nicht weggucken). Doch sie klärt mich auf: „Du musst dir vorher etwas überlegen, wonach du schauen willst: Lady-Di-Tassen, pinke Pumps oder auch…"

„Harry-Potter-Erstausgaben, alte Weihnachtspostkarten, Eichhörnchen?", ergänze ich fragend. Ich denke, ich hab's begriffen.

„Genau. Oder Ananas", nickt sie und tippt auf ihren Beutel. Und sosehr ich die verschiedensten Sammelleidenschaften und Zufallsfunde auf Trödelmärkten mag – sich vorher gezielt etwas Spezielles auszudenken, wonach man sucht, klappt: Ich weiß es heute noch nicht, aber beim nächsten Mal werde ich mit einer grünen Ledertasche heimgehen, kaum benutzt, mit Platz für zig Bücher, Schreibzeug plus Laptop.

So, eins muss ich noch schnell ergänzen: Der Begriff „Flohmarkt" kommt übrigens aus dem Französischen „Marché aux Puces". Dort wurden die Flohmärkte für Bedürftige erfunden. Damals nahm man wohl auch das ein oder andere Tierchen ungewollt im neu erstandenen Mantel mit nach Hause.

Das passierte uns glücklicherweise nicht.

Stand ja auch nicht auf unserer Liste.

51 Auf der Luftmatratze
In den Sonnenuntergang schaukeln

Schon mal drüber nachgedacht, dass „Ferien" ein viel schöneres Wort ist als „Urlaub"? Bereits der Klang vermittelt Unterschiedliches. Und dann steckt in den „Ferien" die „Freiheit" mit drin. „Feriae" steht nämlich im Lateinischen für Feiertage und freie Zeit. Mein Sprachgefühl hat mich als Nicht-Lateinerin also nicht betrogen. Das etwas merkwürdig klingende „Urlaub" kommt im Gegensatz dazu aus dem Althochdeutschen und bedeutet „Erlaubnis". Zu meiner Wahrnehmung passt, dass das Gefühl, als Schülerin Sommerferien zu bekommen, wesentlich eindrücklicher war, als später Urlaubstage beim Chef einzureichen. „Sommerferien" – das klingt doch nach Ranzen-in-die-Ecke-Werfen und Losjubeln! Eindeutig eins zu null für die „Ferien". Sollte also demnächst ein Kollege oder Freund in Urlaub gehen – wünsch ihm gerne mal „Schöne Ferien!" oder verabschiede dich in selbige.

Wenn ich überlege, was neben dem Freibad und der Hängematte – beide hier schon warmherzig als Traumorte beschrieben – der Inbegriff für das ultimative Ferien-Gefühl ist, dann habe ich sofort eine Luftmatratze vor Augen und unsere Jungs, wie sie im Meer darauf liegen und entspannt in den Sonnenuntergang schaukeln, während alle Familien mit kleinen Kindern längst zum Abendessen in die Hotels und Ferienwohnungen verschwunden sind. Mehr Freiheit geht kaum, abgesehen von den Cowboys, die in der Werbung in den Sonnenuntergang reiten, aber die hatten ja gar nicht wirklich frei, sondern mussten hart arbeiten, und das meist in sengender

Hitze. Da ist es doch tausend Mal angenehmer, durchs Meer zu wippen.

Daher hat es mich wirklich interessiert, wem wir diesen seligen Luftmatratzen-Zustand zu verdanken haben. Denn während sich die Kinder, wie beschrieben, von den Wellen treiben lassen, trinken mein Mann und ich einen Sommerwein im Strandkorb und bewundern, wie das große, runde Licht sich orangerot und golden über den Horizont und ins Wasser ergießt.

Ist die Luftmatratze etwa, wie man vermuten könnte, ein Kind der kunterbunten Plastik-Revolution? Weit gefehlt! Schon vor etwa 3000 Jahren sollen Soldaten dank erster Prototypen Flüsse überquert und Strecken deutlich abgekürzt haben. Dabei handelte es sich um mit Luft gefüllte Tierhäute. Um 1700 löste man in Frankreich das Problem von Ungeziefer in mit Stroh und Gras gefüllten Matratzen, indem man Segeltücher mit Luft befüllte. Fehlte nur noch der Siegeszug des Gummi-Materials ab 1870. Damals konstruierte Benjamin Goodrich einen Feuerwehrschlauch aus gummierter Baumwolle. Der Vorläufer für unsere heutigen Schlauchboote, aber auch für alle Einhörner, Robben, Krokodile, Delfine und eben auch Luftmatratzen im Wasser.

Übrigens geht auch die international erfolgreiche Wohnungsvermietungsplattform *Airbnb* auf die gute alte Luftmatratze zurück. So eine soll in einer WG in San Francisco als Schlafgelegenheit vermietet worden sein. Seitdem steht *Airbnb* für „Luftmatratze mit Frühstück". Was natürlich zu der Frage führt, ob man nicht bald mal entspannt in den Sonnenaufgang schaukeln sollte – vielleicht zur Abwechslung mit Croissant und Café au Lait?

52 Im Zelt
Spukgeschichten mit Stockbrot

Ganz ehrlich, werden nicht viel zu wenige Geschichten frei erzählt? Erst recht abendliche Gruselgeschichten? Wer kennt beispielsweise die rätselhafte Story von dem Mann und dem Restaurant mit dem Albatrossschild, die früher an Lagerfeuern auf Klassenfahrten und bei Jugendfreizeiten kursierte? Es gibt sie noch, kürzlich habe ich sie nämlich in der Kartenspiel-Serie *Black Stories* entdeckt.

Und eine Zeitung berichtete, dass in Schottland, dem Land der Mythen und Sagen schlechthin, das Geschichtenerzählen wieder Hochkonjunktur habe. Die professionellen Erzähler führen durch Städte und Highlands. Ich kann es mir sehr gut vorstellen, wie sie durch die grünen Hügellandschaften streifen und abends zwischen Wald und Moor mit geheimnisvoller Stimme Sagen und Legenden der Gegend zum Besten geben. In Edinburgh gibt es sogar ein *Scottish Storytelling Center*, wo man die Erzählkunst erlernen kann. Ein solches Know-how käme sehr gelegen beim Zelten im Wald, auf einem Campingplatz oder im eigenen Garten.

Aber von vorn: Beim Zelten, darum geht es ja hier, muss man erst mal etwas leisten. Der Prozess des Aufbauens fordert Geschick und gute Nerven. Zunächst muss alles auseinandergefriemelt, auf Stangen gezogen und gespannt werden. Und dann die Sache mit den Heringen – jedes kleine Kind weiß natürlich schon, dass so nicht nur Fische heißen, sondern auch eine Art Nägel, an denen die Zeltplanen gespannt und befestigt werden, sodass das mobile Dach samt Unterschlupf für die

Nacht sicher steht. Und jeder Erwachsene weiß: Wenn Zelte bereits mehrfach aufgebaut wurden, fehlt auch immer mindestens eines dieser Teile. Das scheint so etwas wie Murphys Zeltgesetz zu sein!

Ist das Zelt schließlich, allen Schwierigkeiten zum Trotz, halbwegs sicher im Boden verankert, heißt es zur Belohnung Äste sammeln, diese von der Rinde befreien und anschnitzen – für das Lagerfeuer überm Grill oder eine Feuerstelle. Nirgendwo schmecken Würstchen und Stockbrot so gut wie auf einem improvisierten Spieß, in der Wildnis von Hand gegrillt und Ewigkeiten stoisch über dem Feuer gedreht und gewendet. Geruch und Geschmack des leicht Verbrannten und innen noch Rohen gehören natürlich obligatorisch dazu.

Irgendwann liegt man schließlich zufrieden mit Freunden im Zelt. Jetzt, im Dunkeln, sind nicht mehr die Hände gefragt wie beim Zeltaufstellen, sondern die Augen und besonders die Ohren. Durch den dünnen Stoff sehen die Schatten der umstehenden Bäume, die sich im Wind bewegen, wie lange Finger aus, die nach einem greifen. Kommt dieser Ruf von einem Nachtkauz? Stammt das Rauschen sicher von dem kleinen Bach in der Nähe? Plötzlich ist jedes Geräusch lauter und unheimlicher als je zuvor. Die Dunkelheit scheint jedes Knacken, Zirpen und Rascheln zu verstärken, und nicht immer ist ihre Quelle eindeutig auszumachen. Spätestens jetzt ist Zeit für die Frage: „Habt ihr schon mal von dem Hund im Moor gehört?" Geschichten, die bei Tag niemanden gruseln. Und dank der besonderen Situation mit allen Sinnesantennen auf Empfang wird man sie wahrscheinlich lange im Gedächtnis behalten, vielleicht für immer – wie die oben erwähnte vom Mann mit dem Albatros, die ich als Jugendliche an einem solchen Abend erzählt bekam und nicht mehr vergaß. Das Schimpfen der anderen aus dem Nachbarzelt, die draußen über die Zeltschnüre stolpern, löst schließlich die Spannung und endet im großen Gelächter, bis es endlich still wird – drinnen und draußen – und endlich Schlafen angesagt ist.

Und wenn am nächsten Morgen die Sonne aufgeht, man müde und mit Muskelkater im Rücken den Reißverschluss öffnet und in den Tag blinzelt, ist man ein bisschen stolz über die Nacht in der freien Natur. Spontan verabredet man, sich bald wieder zum Campen zu treffen. Dann natürlich mit ausreichend Heringen und neuen, wilden Gruselgeschichten im Gepäck!

Versprochen.

53 Im Schnee
Plötzlich glitzert es hell

Es ist jedes Mal wieder ein Ereignis: der erste Schnee, die ersten Flocken, die unabhängig vom Datum im Kalender den Winter einläuten. Egal, ob man zu Hause ist, im Büro, im Urlaub – wenn man aus dem Fenster schaut und sieht, wie weiße Tupfer lautlos herunterfallen, wie sie nach und nach die Blumenbeete, Straßen, Auto- und Hausdächer, Zäune und Mauern wie mit Puderzucker überziehen, hat man sofort Lust, hinauszulaufen und die Hände aufzuhalten, um sie aufzufangen. Kaum gespürt, lösen sie sich rasch auf der warmen Haut in Wasser auf und sind im Nu verschwunden. Andere türmen sich zu kleinen Hauben auf Blumentöpfen, Geländern, Zaunpfosten, und nach und nach wird die Welt ringsherum weiß.

Zu einer Jahreszeit, in der es oft trüb und bewölkt ist, gleicht es einem kleinen Wunder, auf einmal ein helles, schneebedecktes Feld, einen Abhang oder eine Wiese – ganz in Weiß – vor sich zu haben. Es ist, als habe jemand den Helligkeitsregler ein paar Stufen hochgeschoben. Das Licht reflektiert, und sollte die Sonne sich ihren Weg durch die Wolken bahnen, bringt sie die schneebedeckte Welt zum Glitzern und Funkeln. Hier lässt es sich sicher herrlich rodeln oder eine Schneeballschlacht machen. Was für eine Freude, durch tiefere Verwehungen zu stapfen oder bei einer Winterwanderung durch den von Schnee und Licht verzauberten Wald zu gehen.

Wenn man weiß, welche Mengen an Schnee im Norden oder in den Bergen im Laufe eines Winters vom Himmel fallen, dann ist es umso erstaunlicher, dass tatsächlich jede einzelne

Schneeflocke, die bisher irgendwo in einem Land vom Himmel kam oder noch segeln wird, ein Unikat ist, das sich aus winzigen Eispartikeln zusammensetzt. Dies geschieht, wenn in den Wolken Wasser an Staubkörnern zu Eiskristallen gefriert, an denen weitere Kristalle wachsen. Wenn sie schwer genug sind, fallen sie als Schnee herab. Alle Schneeflocken haben eine sechseckige Struktur, doch keine ist identisch mit der Flocke daneben, darüber oder dahinter. Schneeflocken sind winzig und einzigartig. Jeder Eiskristall besteht aus Hunderten und Tausenden von Wassermolekülen, die sich entsprechend den äußeren Gegebenheiten von Temperatur und Luftfeuchtigkeit anordnen.

Viele Forscher und Institute beschäftigen sich mit dem Phänomen Schnee, zumal es auch für die klimatischen Veränderungen auf der Erde eine zentrale Rolle spielt. 1865 wurde in den USA der wohl bekannteste Schneeexperte geboren. Wie viele Kinder begeisterte er sich für die Winterzeit und das Spielen im Schnee. Doch die Faszination sollte in seinem Fall nie mehr enden. Unter dem Mikroskop der Eltern untersuchte er die Strukturen der Flocken und Kristalle. Nachdem er sie zunächst abzeichnete, ging er schließlich dazu über, sie mit einer Spezialkamera zu fotografieren. 1931 erschien sein Buch *Snow Cristalls*, insgesamt hielt der „Schneeflockenmann", wie man ihn nannte, über 5000 Exemplare bildlich fest.

Was für ein zauberhaftes, vergängliches Wunder- und Lebenswerk, das uns bis heute staunen lässt.

54 Bei der besten Freundin
Zwischen Lachkur und Ich-selbst-sein

Bei der besten Freundin ist es egal, dass man sich gefühlte hundert Jahre nicht gemeldet hat, dass man nicht beim Friseur war, dass das T-Shirt ungebügelt und die Wohnung unaufgeräumt ist. "Komm rein", sagt sie, "schön, dass du da bist", um dann dort anzudocken, wo wir vor Ewigkeiten aufgehört haben, einander aus unserem Leben zu erzählen. Und dabei ist es ganz egal, ob man sie erst kürzlich kennen- und lieben gelernt hat oder bereits in den Zeiten, als die tannengrünen Telefone an der Wand befestigt waren und die Schnur gerade so weit reichte, um nach der Schule Stunden an die Wand gequetscht hinter der Schlafzimmertür zu verschwinden, um mit ihr über Gott und die Welt und Jungs zu quatschen.

Bei der besten Freundin gibt es zur Begrüßung perlenden Schaumwein aus Champagnerschalen vom Flohmarkt. Man kann sich nur selten sehen, sie wohnt in einer anderen Stadt. Sie fragt: "Hast du Hunger? Ich koch uns was." Das ist schön. Auch dass die Liege im Garten samt Decke bereitsteht und die Blumen ringsherum duften, als habe sie sie extra für mich gepflanzt und überredet aufzublühen für diesen besonderen Tag.

Dann holen wir die alten Platten raus oder stellen die Playlist an mit den schönsten Songs von damals und heute, zum Heulen und Lachen – und auf jeden Fall zum Tanzen, Rumhüpfen, dass ihre kleine Küche wackelt und die Nachbarn von gegenüber ihr Fernglas rausholen, um dieses Schauspiel nicht zu verpassen.

Bei der besten Freundin kommt man vom Hölzchen aufs Stöckchen, berichtet dies und das. Dann ist es wie früher – mit ganz viel Heute und auch jede Menge Morgen. Sie kennt dich, versteht dich und nimmt die Dinge so, wie sie für dich sind. Zumindest versucht sie es! Ihr Lächeln schenkt Hoffnung und Zuversicht, damit lichtet sie das Chaos im Kopf und im Herzen.

Bei der besten Freundin kann man lachen bis spät in die Nacht. So sehr, dass der Bauch wehtut, über albernes Zeug, das nur zwei Leute verstehen. Dann fallen diese klassischen Sätze, die anfangen mit „Weißt du noch …?", „Kennst du den …?", „Hast du schon gehört …?", „Apropos …". Wie Dominosteine reihen sie sich aneinander, eine Erinnerung tippt die nächste an, ein verrückter Gedanke folgt auf eine Spitzenidee, die sich morgen schon wie Nebel verflüchtigt haben können, weit weg und undurchführbar erscheinen. Aber an diesem einen Abend, in der Küche zwischen Weißwein mit Eiswürfeln und „Wenn ich könnte, würde ich einfach mal …", da hat man sie gespürt, als sei alles möglich und schon längst wahr!

Und an dieser Stelle wirklich ein dickes Sorry an alle männlichen Leser, das ist jetzt eher ein Frauentext geworden. Aber ich bin ganz sicher: Ein Abend mit dem besten Kumpel in der vertrauten Stammkneipe ist bestimmt auch so ein Ort mit vielen, tollen Glücksmomenten …

55 Auf der Durchreise
Vom Glück abseits der Route

Auch wenn es etwas abgedroschen klingen mag, die schönsten Entdeckungen macht man oft ungeplant. Vielleicht, weil man nichts erwartet und dann umso überraschter ist. Deswegen liebe ich Zwischenstationen auf Reisen. Entweder ist es von vornherein geplant, irgendwo rauszufahren, essen zu gehen oder sogar zu übernachten. Oder man hat sich vage überlegt, einen Stopp einzulegen, möchte aber erst mal schauen, wie weit und gut man durchkommt. Es kann natürlich auch sein, dass man eigentlich vorhatte, in einem Rutsch ans Ziel durchzufahren, und dann schiebt sich dieser ärgerliche Riesenstau oder etwas anderes in den Weg. Dann ist es Zeit, anders abzubiegen.

Ein solches Erlebnis hatte ich mit Worpswede, dem Künstlerdorf unweit von Bremen mitten im Moor. Wir waren schon viel zu lange die Küste entlanggeschlichen im typischen Samstagabreise-Verkehr, und die Aussicht, an diesem warmen Tag auch noch Ähnliches um NRWs Baustellen herum zu erleben, war wenig verlockend, als ich fragte: „Wo liegt eigentlich Worpswede?"

Ein Blick auf die Karte zeigte, dass es von unserem Standort aus ganz gut erreichbar war, und so landeten wir im Moor und hatten Glück: Im zuerst angesteuerten Hotel, dem *Buchenhof*, war tatsächlich ein Zimmer frei. Das Domizil stellte sich als gute Wahl heraus, denn das ehemalige Wohnhaus des Malers Hans am Ende liegt direkt neben dem legendären und eindrucksvoll renovierten *Barkenhoff*, dem ehemaligen Künstlertreff schlechthin. In der Villa der Vogelers gaben sich Ende des 19. Jahrhunderts die Worpsweder Malerinnen und Maler die Klinke in die Hand. Sie diskutierten, dinierten und flanierten auf der Terrasse und im angrenzenden Garten, von Vogeler im Gemälde *Sommerabend (Das Konzert)* festgehalten. Klaus Modick nimmt das Bild in seinem Roman *Konzert ohne Dichter* ebenfalls zum Ausgangspunkt. Bei dem genannten Dichter handelt es sich um Rainer Maria Rilke, der zeitweise mit den Malern in der Moorlandschaft lebte, ihre Geschichten niederschrieb und dort heiratete.

Wir gingen eine Runde durch Wald und Felder, über den flachen Weyerberg, hinunter zu den Kunstmuseen. Eines davon ist das ehemalige Wohnhaus von Paula Modersohn-Becker, der einzigartigen Künstlerin, die sich den Männern und ihren Lehrmeistern davonmalte. Und schon hatte uns das kleine Dorf, in dem früher fast ausschließlich mittellose Torffischer lebten und heute viele Nachkommen der berühmten Künstlerkolonie, verzaubert und in eine andere Zeit versetzt. Dass wir dann auch noch Bekannte von zu Hause im Gasthaus trafen, die sich als wahre Kennerinnen des Ortes herausstellten, überzeugte uns: Unser Weg hatte uns anscheinend an diesem Tag von der Autobahn hinunter und hinein ins Moor führen sollen.

Wir blieben einen Abend, eine Nacht und zur Führung am Sonntagmorgen, doch in unseren Erinnerungen ist es so, als wären wir viel länger da gewesen. Worpswede hatte uns sein Herz geöffnet und wir im Gegenzug unseres. Ein sicheres Zeichen dafür war es, dass unsere Jungs zum Ende des Abstechers fragten, warum wir schon weiterfahren.

Zu Hause schauten wir Paulas Leben im Film an und folgten ihr zwei Jahre später nach Bremen. Dafür verließen wir dann wieder spontan die Route und fanden zwei Minuten von ihrem Museum in der wunderschönen Böttcherstraße entfernt ein Quartier. Aber das ist eine andere Geschichte.

56 Im Warenhaus
Alles unter einem Dach

Auch wenn in Deutschland die seit Jahrzehnten bekannten Warenhausketten gerade eher schließen als Konjunktur haben, ich mag sie – die Warenhäuser, in denen es alles gibt, was man brauchen könnte. Ein schönes Kleid für die nächste Feier, ein Geschenk für die Kollegin zum Geburtstag, Nähgarn in Blau, um endlich den Knopf an der Lieblingsbluse anzunähen, Füllerpatronen in Lila und einen Schreibblock mit Bindung oben, dafür ohne Löcher links. Jetzt hätte ich fast das Mandarinen-Duschgel vergessen, Marke „Chill mal", und den neuen Spielzeugkatalog für den Jüngsten – der nächste Wunschzettel kommt bestimmt. Und ohne viel Lauferei gibt es unten oder oben in der schicken Feinkostabteilung ein duftendes Krustenbrot und einen Bergkäse aus Tirol, den ich bisher nicht kannte. Jetzt schon, denn ich darf probieren. „All in one" heißt so ein Einkauf auf Neudeutsch, und er kann glücklich machen. Dabei habe ich die Etagen und Ecken noch nicht einmal erwähnt, in denen man einfach nur guckt und herumbummelt …

Verschiedene Faktoren kurbelten den Erfolg der Warenhäuser an. Natürlich die industrielle Revolution und damit verbunden die Massenproduktion im großen Stil, das schnelle Wachstum der Städte, aber auch die Erfindung der Skelettbauweise und des Aufzugs. Wichtig waren auch neue, schnellere Transportmöglichkeiten für die potenziellen Kunden. Das Einkaufen wurde zum Konsumieren und damit erstmals zu einer Art Freizeitvergnügen. Opulent gebaute, große Gebäude mit Waren über mehrere Etagen luden zum Einkaufen ein.

Eindrucksvolle Portale und Treppenhäuser zogen Kunden und Schaulustige in ihren Bann. Neue Berufsfelder erschlossen sich, denn die Vielfalt der Produkte sollte ansprechend präsentiert und beworben werden.

In den europäischen Metropolen um 1900 galten die Warenhäuser als Tempel und achtes Weltwunder. Ab der Mitte des 19. Jahrhunderts kurbelten die Weltausstellungen den Boom an. Als Welthauptstadt der Warenhäuser galt jahrzehntelang die französische Hauptstadt mit dem *Bon Marché* und den *Grands Magasins du Louvre*. Anfang des 20. Jahrhunderts gewannen die amerikanischen Häuser mehr und mehr an Bedeutung, die eine ebenso erfolgreiche Geschichte vorweisen konnten. In England und Deutschland dauerte die Entwicklung etwas länger, das berühmte *Harrods* war beispielsweise in den 1850er-Jahren ein kleines Lebensmittelfachgeschäft. Die deutschen Ursprünge liegen, was viele nicht wissen, an der Ostsee. In Stralsund und Rostock eröffnete Wertheim sein Stammhaus. Karstadt startete die Küste entlang in Wismar.

Schnell entwickelten sich die Einkaufstempel in den wunderschönen Gebäuden mit Kuppeln, verzierten Treppenhäusern und Jugendstildecken zu beliebten Treffpunkten, in denen man auch ins Café oder zu Ausstellungen und Konzerten gehen konnte. Etwas vom Glanz dieser goldenen Warenhauszeiten kann man in den noch erhaltenen Traditionsgeschäften spüren: *Harrods* in London, *Au Printemps* und *Galeries Lafayette* in Paris und in Berlin das *KaDeWe*.

Und ich bin mir sicher: In zehn, zwanzig Jahren wird jemand diese Idee wiederentdecken und das erste „Nostalgie-Warenhaus" eröffnen, mit viel Tamtam und allem Zipp und Zapp. „Ist das großartig", werden die Leute sagen, „alles unter einem Dach", und freudig Sandalen kaufen und nebenan gleich Schnittlauch und Klebeband. Die Wette gilt!

57 Auf der Brücke
Mach mal Brückentag!

Brücken sind ganz besondere Bauwerke. Sie überwinden und verbinden – das eine Flussufer mit dem anderen, Dörfer und Städte, Berge und Täler. Sie führen zu Burgen und Schlössern und werden extra für Fußgänger, Autos, Eisenbahnen konstruiert.

Brücken bringen Menschen zusammen, an manchen Orten sogar ganze Völker und Länder. Es gibt Brücken aus Stein, aus Holz, aus Metall und wackelige Hängebrücken wie bei Indiana Jones im Dschungel. Manche Brücken erzählen von vergangenen Zeiten wie die berühmte *Alte Brücke* in Heidelberg, die wahrscheinlich zu den meistfotografierten hierzulande gehört. Andere wurden zerstört und wiederaufgebaut oder ganz neu errichtet. Brücken spielen auch in Kletterparks und Hochseilgärten eine wichtige Rolle. Weltweit gehören die *Golden Gate Bridge* in San Francisco sowie die *Brooklyn Bridge* in New York und natürlich die *Rialtobrücke* in Venedig zu den bekanntesten. Aber wenn man erst mal anfängt zu überlegen, über welche Brücken man überall schon hinübergegangen und -gefahren ist, nimmt die Liste kein Ende.

Bei der Entwicklung vom Nomadenleben in die Sesshaftigkeit fingen die Menschen an, Brücken zu bauen. In der Jungsteinzeit etwa 5500 v. Chr. wurden erste Holzpfade über Moore und Bäche gelegt. Einfache Holzbrücken gab es später in der Bronzezeit. Brücken schafften es, auch Landschaften zu erschließen, ersparten lange Umwege. Viele Brückenbauer orientieren sich bis heute an Techniken, die aus der Natur bekannt sind. Und das Allround-Genie Leonardo da Vinci erfand eine Bogenkonstruktion, die so zusammengesetzt ist, dass sie sich selbst trägt, ohne weitere Fixiermittel zu benötigen.

Brücken sind in ihrer Symbolkraft und als Metaphern kaum zu toppen. Namhafte Künstler und Philosophen beschäftigten sich mit ihnen. Mit *Die Brücke* gab sich sogar eine ganze Künstlervereinigung diesen Namen. Während ich über sie schreibe, huschen verschiedene Melodien durch meine Gedanken: *Über die Brücke geh'n* singt Schlagersängerin Ingrid Peters, *Bridge over troubled water* das Duo Simon und Garfunkel. *Über sieben Brücken musst du geh'n* tönte es in Ost und West, von Karat und Peter Maffay aufgenommen. Da passt es gut, dass viele Brücken inzwischen dazu dienen, Liebesschlösser anzubringen, wie in Köln, wo die Hohenzollernbrücke über den Rhein führt. Wer darunter durchfahren möchte, kann in der Stadt am Rhein eine Sieben-Brücken-Tour buchen.

Brücken stehen dafür, etwas Altes hinter sich zu lassen und auf etwas Neues zuzugehen. Vielleicht ist es auch umgekehrt und man kehrt über die Brücke zurück zu etwas Bekanntem, das uns Heimat gibt. Etwas, wozu wir nie wirklich die Brücken abgebrochen haben, sodass wir immer die Chance hatten, wieder über die Brücke zu gehen und die Verbindung neu aufzunehmen. Brücken sind immer auch Zwischenräume und Übergange. Mit jedem nächsten Schritt, mit dem wir eine Brücke überqueren, rückt die eine Seite weiter weg, dafür kommt die andere näher und näher. In der Mitte kann man innehalten, sich auf die Brüstung lehnen und die Aussicht genießen.

Und vielleicht kommt man dann zu dem Schluss, dass die Welt mehr Brückenbauer braucht – und ebenso mutige Brückenbegeher: Menschen, die es wagen, beide Seiten kennenzulernen, im Blick zu haben und wertschätzend weiterzugehen. Den einen Fuß vor den anderen setzend.

58 Vor dem Fernseher
Teil der Geschichte sein

Die „Generation Fernsehen", zu der ich als Kind der Siebziger eindeutig gehöre, weiß noch, wie es ist, wenn es nur drei Fernsehsender gibt, die Erstes, Zweites, Drittes heißen und erst ab dem frühen Abend zu senden beginnen. Wie dann gefühlt alle am Abend denselben Film anschauen und sich am nächsten Tag darüber austauschen. „Mensch, hast du auch das gesehen …?", Wie fandest du denn …" Etwas von dieser Fernsehgemeinschaft gibt es immer noch, zum Beispiel in Krimi-Communitys, deren Mitglieder alle am Sonntagabend um Viertel nach acht den „Tatort" gucken. Aber davon abgesehen haben die Streaming-Serien das Film- und Fernsehprogramm abgelöst. „Binge-Watching" nennt man das Phänomen, bei dem man – unabhängig vom fixen Programm – in eine Geschichte eintaucht und möglichst viele oder sogar alle Folgen hintereinander anschaut.

Das ist die perfekte Beschäftigung für verregnete Wochenenden oder Tage, an denen man einfach mal für sich sein möchte, ohne viel zu reden, eingekuschelt auf dem Sofa. Sollte man sich wirklich stunden- oder tagelang einigeln wollen, ist es natürlich wichtig, das Handy abzustellen, Nachrichten von außen zu ignorieren und sich mit ausreichend Lieblingsessen und -getränken einzudecken: Eiscreme, Pizza, Nudeln (möglichst fertige oder bereits vorausschauend vorab zubereitete Sauce). Denn das Wichtige ist, ist man erst mal eingetaucht in das Geschehen, das in einer anderen Zeit, einem anderen Land spielt, und hat man Feuer gefangen, dann lebt man als unsichtbarer Beobachter mit und möchte so wenig wie möglich und so kurz wie nötig pausieren.

Jeder Leser kennt dieses Gefühl genau. Macht man sich auf den Weg, in 80 Tagen mit den Protagonisten um die Welt zu reisen – samt allen Irrungen und Wirrungen –, möchte man nicht an Tag 20 aus dem Heißluftballon abspringen oder aus der Wüste Knall auf Fall ins winterliche Deutschland zurückkehren. Dann geht man den ganzen Weg mit auf der sogenannten Heldenreise und kommt – das ist so mit guten Geschichten – auch selbst immer ein bisschen anders heraus, als man gestartet ist.

„Wenn der Held oder die Heldin das geschafft hat, dann kann ich vielleicht auch …" – „Damals hatten sie es aber auch schwer, vieles war härter als heute. Wenn die Menschen sich auf solchen Umwegen gefunden und so schwere Zeiten überstanden haben, kann ich nicht dann auch morgen, wenn ich wieder rausgehe, versuchen …?"

Solche Gedanken machen sich Zuschauer von Fernsehserien meistens natürlich nicht bewusst, aber sie schwingen mit. Wenn wir uns auf die Filme einlassen, dann macht das etwas mit uns und beeinflusst auch unser Leben, unsere Begegnungen, die eigenen Geschichten. Wenn wir danach wieder auftauchen, haben wir ein Gefühl dafür bekommen, was alles möglich und menschlich ist, vielleicht sogar übermenschlich. Zumindest als Beobachter und Mitreisende. Dann heißt es: Kuscheldecke zusammenlegen und wieder raus an die Luft, ins echte Leben gehen. Und wenn man auf dem Weg zum Bäcker, Bahnhof oder in den Wald Bekannte trifft und, noch etwas auf Abwegen, nachfragt: „Sag mal, hast du schon die Serie XY gesehen?" – dann nicht wundern, wenn die Gefragten in den nächsten Tagen nicht erreichbar sind.

59 Beim Bäcker
Richtig dufte

Was vermissen viele Deutsche, wenn sie in andere Länder reisen, um dort zu leben, zu arbeiten, Urlaub zu machen? Ganz oben auf der Liste steht – und der eine oder die andere hat sicher bereits selbst diese Erfahrung gemacht – die hierzulande verfügbare Vielfalt an Brot und Brötchen.

Wohl jeder kennt und genießt den Duft von frischem Brot und noch warmen Brötchen, der uns in einer Bäckerei willkommen heißt. Damit trifft uns die Backkunst mitten ins Herz und auch in den Kopf. Denn auch wenn der Geruchssinn beim Menschen eine eher untergeordnete Rolle unter den Sinnen spielt, so hat er doch eine ganz ursprüngliche Bedeutung, was unsere Erinnerungsgabe betrifft. Das lässt sich so erklären, dass Gerüche unabhängig von Alter, Erfahrungen, Bildung direkt von der Nase in unser Gehirn wandern. Daher haben besonders die Gerüche einen großen Einfluss auf unser Wohlbefinden und unser Sozialverhalten.

Seit Jahren versuchen Forscher herauszufinden, wie viele unterschiedliche Gerüche wir unterscheiden. Die Schätzungen reichen von Tausenden in die Millionen. Fest steht: Die Redewendung „Ich kann dich gut riechen" wenden wir täglich ganz unbewusst an. Beim Bäcker geht man diesbezüglich kein Risiko ein und atmet genüsslich die herrlichen, seit der Kindheit vertrauten Backaromen ein.

Nirgendwo auf der Welt gibt es wohl so eine Vielzahl an Brotsorten, die sich in den Teigmischungen und Zutaten sowie Formen, Verarbeitung und Backvarianten unterscheiden. Was sich natürlich auch in der Namensvielfalt widerspiegelt und in dem intensiven Duft, wenn man eine klassische Bäckerei mit angrenzender Backstube betritt. 2014 hat es die deutsche Brotkultur sogar geschafft, mit ihren ca. 3200 eingetragenen Brotsorten in das bundesweite Verzeichnis des immateriellen Kulturerbes aufgenommen zu werden. Und jedes Jahr wählt das deutsche Brotinstitut das Brot des Jahres. 2023 war es das Kürbiskernbrot, davor Holzofenbrot und Dreikornbrot. Die Krume, so heißt das Innenleben in der Handwerkersprache, sollte bei jedem Brot weich sein, die Kruste knackig. In dem Fall kann man den Genuss nicht nur riechen, sondern auch hören. Und sehen, fühlen, schmecken sowieso.

Brot gibt es tatsächlich schon seit etwa 22 000 Jahren. Die Steinzeitmenschen sammelten und mahlten Süßgräser, die mit Wasser vermengt und als Fladen auf heißen Steinen gebacken wurden. In der Jungsteinzeit begannen Menschen mit der Entdeckung der Landwirtschaft sesshaft zu werden und Getreide anzubauen. Einen weiteren Schub bekam das Backhandwerk in Ägypten durch Backöfen und die Kenntnis, Sauerteig anzusetzen. Die landwirtschaftlichen Bedingungen für den Getreideanbau sowie Organisation des Handwerks im Mittelalter inklusive fundierter Ausbildung trugen schließlich dazu bei, dass Deutschland sich zum beliebten Weltbrotland entwickelte.

Es gab Zeiten in der Evolution des Menschen, da war das Riechen übrigens überlebenswichtig. Eine gute Nase führte zu Nahrung, spürte Feinde ebenso auf wie potenzielle Lebenspartner. Wenn wir uns das vor Augen halten, eröffnet der Besuch beim Bäcker am nächsten Morgen doch wirklich viele Möglichkeiten. Zwinker, zwinker.

60 Auf der Kirmes
Karussell mit Zuckerwatte

Es gibt Sachen, die erlebt man nur zu bestimmten Zeiten. Und schon das macht sie besonders. Die Kirmes ist ein solches Ereignis, ein Highlight aus Kinder- und Jugendtagen, in dem gleich mehrere Dinge zusammenkommen, die sich zu einem ganz besonderen Glücksgefühl verbinden. Für mich sind das etwa:

- Das Gefühl zu fliegen, wenn ich im Kettenkarussell sitze und dabei die Hand meiner Freundin festhalte; losschreie, wenn sie sie loslässt, und dennoch nicht davonfliege.
- Zuckerwatte essen, die aussieht wie eine fluffige rosa Wolke.
- Sich freuen, dass es noch Schiffschaukeln gibt. Darin einsteigen und überrascht sein, dass Hände und Beine noch genau wissen, was sie tun müssen, und der Bauch sich nach Sekunden an dieses besondere, für einen Moment flaue und zugleich prickelnde Gefühl erinnert, wenn die Schaukel hin- und herschwingt.
- Lose aus Eimern ziehen, weil ich es damals, dieses einzige Mal (wie durch ein Wunder), geschafft habe, diesen Riesenschlumpf zu gewinnen und ihn sooo stolz einen ganzen Abend lang herumtrug.
- Die coolsten Jeans und Turnschuhe anziehen, die alle derzeit tragen, und dennoch hoffen, damit aufzufallen.

- Autoscooter fahren und einhändig vorwärts, rückwärts und im Kreis lenken und sich fühlen wie in dem Mai, als der coole Typ immer an der Säule stand und rüberschaute.
- Im Riesenrad oben stehen bleiben, den Ausblick atemberaubend finden und zugleich vor Angst die Luft anhalten.
- In der Geisterbahn schreien, obwohl man genau weiß, dass die Gespenster bloß Plastikpuppen sind.

Wie bei allen Orten, die mit frühen Erlebnissen in Verbindung stehen, sind es die sinnlichen Erinnerungen, die uns triggern. Der Duft nach Popcorn, das Bild gestapelter Liebesäpfel, die Musik aus den Fahrgeschäften, dazwischen die lauten Durchsagen aus den Kassenhäuschen: „Und weiter geht die wilde Fahrt!"

Das alles gibt es nur auf der Kirmes. Auch wenn sie viele verschiedene und auch regional unterschiedliche Namen trägt wie Jahrmarkt, Kerb oder Kerwe. Das Wort „Kirmes" kommt von „Kirchweih", also einem Fest, das immer zum Jahrestag derselben gefeiert wurde. Alle kamen an diesem Tag zusammen, tanzten und sangen, aßen und tranken. Die Arbeit durfte ruhen. Händler und Handwerker boten ihre Waren an wie Leitern, Bürsten, Töpferwaren, Körbe.

Später kamen dann die Vergnügungsangebote dazu: Schießbuden, Karusselle. Diese wurden zuerst durch Menschenkraft, später von Pferden und danach mit Dampf betrieben. Bei Hofe amüsierten sich die Adligen – angelehnt an die Reiterspiele der Ritter – vom Rücken der Karussellpferde aus mit „Ringreiten", bei dem um ein Karussell herum an Stangen aufgehängte Ringe mit einem Stab geangelt werden mussten.

Auch die Fahrgeschäfte haben übrigens zum Teil verschiedene Namen. Was man im Rheinland „Schmetterlingsbahn" nennt, hieß in meiner Teenagerzeit „Berg- und Talbahn". Das höchste der Bauchkribbelgefühle war damals das Piratenschiff, das, ohne sich zu überschlagen, hoch oben in der Luft durchraste. Da gibt es heute ganz andere Thrills und Herausforderungen. Aber was geblieben ist, ist das wunderbare Bauchgefühl, das es eben nur auf einer Kirmes gibt – beim Wiedererleben und Sicherinnern.

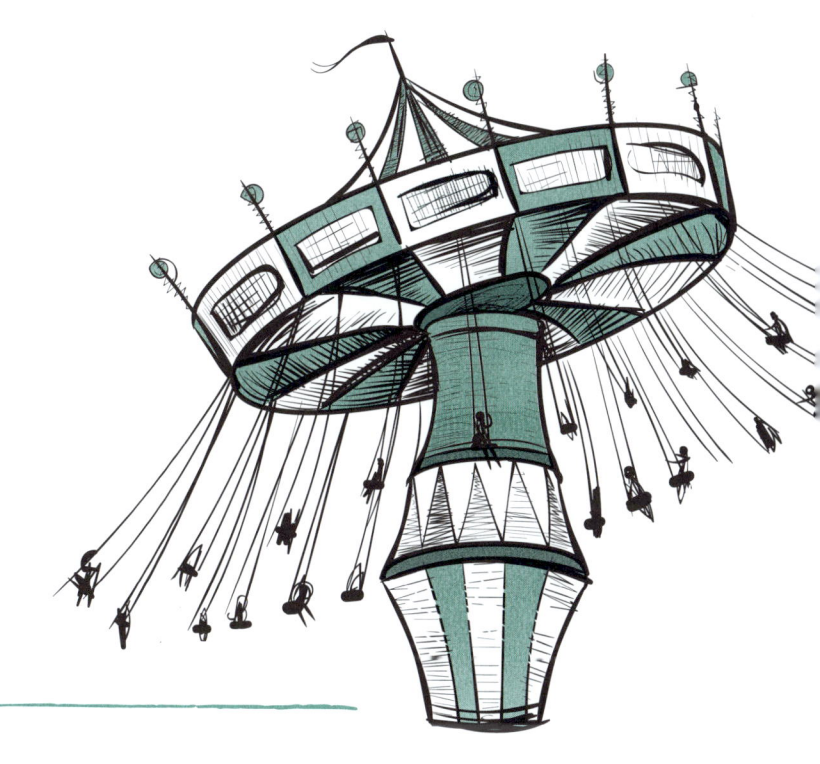

61 Auf dem Berg
Und dann, meine Seele, sei weit …

Menschen sind unterschiedlich, in vielen Bereichen scheiden sich die Geister. Da gibt es zum Beispiel Typ New York oder Typ San Francisco, Bier oder Wein, Steak oder Gemüsepfanne, Lerche oder Eule – gemeint sind Frühaufsteher oder Nachtschwärmer –, Geschenk oder Gutschein, Berge oder Meer.

Diesbezüglich bin ich ganz eindeutig Typ Meer und weniger Berge. Das liegt sicher zum einen daran, dass ich in der Westpfalz aufgewachsen bin (ja, die gibt es), wo die Landschaft so hügelig und fließend weich ist, dass man alle Gipfel im Blick hat, ohne ehrfürchtig zu ihnen aufschauen zu müssen. Zweitens daran, dass mein innerer Schweinehund bei Wanderungen bergauf bei der erstbesten Anstrengung aufschreit und eindeutige Kommandos zum Umkehren brüllt.

Aber es gibt natürlich Tage, an denen ich bewusst nicht auf ihn höre! Sei es, weil die Gegend so wunderschön ist, dass Gabriele Münter sie mit Sicherheit hätte malen wollen, sei es, weil das Wetter perfekt ist, weit und breit kein Museum erreichbar oder auch der soziale Druck der mitwandernden Freunde zu hoch, wenn sie es wüssten … In solchen Fällen muss ich die Stimme des bellenden Köters einfach ignorieren und losgehen, weitergehen, höher und höher … Bis der Moment kommt, an dem ich bereit bin, alle Mühen zu vergessen, und den beschwerlichen Weg sofort noch einmal auf mich nehmen würde: den mühsamen Aufstieg durch enge Schluchten, die Schmerzen in den Füßen vom Abrutschen und Haltsuchen auf dem Geröll, das Schwitzen und Schnaufen, die

Durchhalteparolen. Alles lohnt sich für diesen einen Moment: wenn der Gipfel erreicht ist. Ich erlebe, dass man betrunken sein kann vor Glück, ich glaube, nein, weiß, dass ich etwas Unendlichem nähergekommen bin, etwas, das ich nicht in Worte fassen kann. Das größer ist, viel größer als ich selbst.

Astronauten beschreiben Ähnliches von ihren Raumstationen aus dem All – was für ein schönes Wort übrigens. Sie berichten von diesem Augenblick, wenn sie auf die vergleichsweise kleine, blaue, wundervolle Erde blicken dürfen und etwas begreifen, das keinen Namen hat. Ich möchte damit ausdrücken, dass ich verstehe, dass nach dem Hoch und Höher das Weit und Weiter kommt. Dass mir klar ist, dass es den Weg braucht, um sich den Blick von oben zu verdienen oder, wenn man so will, zu erlaufen. Dass jeder kleine, hart errungene, möglicherweise schmerzende Schritt dafür notwendig ist. Vielleicht ähnelt die Erfahrung dem Erleben in einem buddhistischen Kloster, wenn man den ganzen Tag den Boden schrubbt. Oder die Straße fegt, wie Beppo der Straßenkehrer in Michael Endes Roman *Momo*.

Das unterscheidet den Berg vom Meer: Man kommt nicht wie an der Küste einfach an und genießt bis zum Horizont das Wiedersehen mit Meer und Wellen. In den Bergen gibt es diese einzigartigen, kostbaren Minuten zum tief Ein- und wieder Ausatmen, gepaart mit demütiger Fassungslosigkeit, erst oben, auf dem Gipfel. Dort, auf dem „Dach der Welt", bin ich so unendlich dankbar, dass ich unterwegs auf keine der inneren Stimmen gehört habe, die nun alle verstummen und schweigend mit mir staunen und schauen, die Schönheit atmen, die mich und alle umgibt. Und ich beginne zu ahnen, was Rainer Maria Rilke meinte, als er schrieb:

„Und dann meine Seele sei weit, sei weit,
dass dir das Leben gelinge …"

62 Im Theater
Heute mal glamourös

Es ist Abend. Menschen in langen Kleidern und dunklen Anzügen eilen über die steinerne Treppe hinauf zum Eingang. Vorbei an den stattlichen Steinlöwen, die links und rechts thronen. Durch die Glastür kann man in das hell erleuchtete Foyer sehen. Kronleuchter glitzern prunkvoll. Ein roter Teppichboden dämpft die Schritte der Besucher. Vor der Garderobe warten Schlangen. Als ich den warmen Mantel abgeben kann, Mütze und Schal sicher im Ärmel versteckt, streiche ich mein Kleid glatt. Ein kleines Schwarzes, könnte man sagen. Ich habe mal nachgeschlagen. Ob der Begriff aus der Modeindustrie kommt, etwa vom zeitlos klassischen Design einer Coco Chanel, oder zurückgeht auf Audrey Hepburn, die 1960 in Schwarz zauberhaft filmisch bei Tiffanys frühstückte, ist umstritten. Letzteres würde mich freuen, ist es doch nach wie vor einer meiner Lieblingsfilme.

Heute warten Shakespeare und Hamlet auf mich. Ich rücke meine Theatertasche zurecht. Die nenne ich so, weil ich sie nur ganz selten benutze, obwohl sie auch manchmal zu anderen Anlässen aus dem Schrank darf. Dieses Schicksal teilt sie mit den Schuhen mit den hohen Absätzen. Ich schaue mich um, die meisten haben sich, wie ich, heute schick gemacht. Auch mal schön. Ich erinnere mich, dass es eine Zeit lang in war, in Jeans und Freizeitlook ins Theater zu gehen. Dabei ist es doch auch mal schön, sich fein zu machen. Eine breite Treppe führt hinauf zur Bar, wo das nächste Anstehen wartet. Aber auch prickelnder goldener Sekt in Flöten. In der Zwischenzeit kann ich üben zu „schreiten". In einer solchen Umgebung macht man das automatisch: schreiten. Alles wirkt fürstlich, adlig, majestätisch in dem fast zweihundert Jahre alten Bauwerk und irgendwie erhaben.

Ein Gong ertönt, der Vorraum leert sich rasch. Drinnen suchen die Besucher ihre Plätze. Parket 1, 2, Loge, Balkon. Ich mag die Bezeichnungen der Sitzplätze, die auf den Karten stehen. Die Leuchter an den mit Seide bezogenen Seitenwänden dimmen ihr Licht. Langsam hebt sich der Vorhang und lässt Stück für Stück die Bühne erkennen. Es wird still, vorfreudig, aufgeregt. Das Stück beginnt. Es gibt nur wenige Requisiten, einen Thron, einen Samtvorhang, einen Durchgang nach hinten, ansonsten Weite, Raum für Gedanken, in dem die kräftigen Stimmen der Schauspieler widerhallen. Sie nehmen uns mit in eine andere Zeit, ein anderes Land, andere Traditionen, Hamlets Königreich.

Das Theater ist eine Reise, die im antiken Griechenland begann: mit Freiluftarenen, Aristoteles' *Poetik* und der Einteilung der Weltgeschichte in Akte – nebst Katharsis, der Lösung und Reinigung. Nachdem ich an diesem Abend mit dem Helden durch dick und dünn gegangen bin, alle Kämpfe durchgestanden, sein Lieben und Leiden miterlebt habe, gehe ich schließlich verändert hinaus in die Nacht. Den Zauber des Theaters nehme ich mit als Souvenir. Zu Hause hänge ich mein Kleid über den Bügel, schiebe die Schuhe unten in den Schrank und ziehe meinen Pyjama an.

„Und wenn du den Eindruck hast, dass das Leben ein Theater ist, dann suche dir eine Rolle aus, die dir richtig Spaß macht", soll William Shakespeare gesagt haben, von dem immer noch nicht wirklich feststeht, wer er war. Ach! Was für ein schöner Plan! Ich höre Katja Ebstein singen ...

Vorhang auf, es lebe das Theater!

63 Im Wind
Flieg, Drachen, flieg!

Es ist Sonntagmorgen, das Thermometer zeigt bereits 25 Grad im Schatten. Ich habe meinen Laptop im Garten aufgestellt. Das wird heute mein Arbeitsplatz für das Schreiben an diesem Buch über Alltagsglück. Ich bin schon recht weit. Und dieser Text steht gar nicht auf meiner Liste, als mir eine Freundin eine liebe Nachricht von Sylt schreibt.

Viele Jahre ist sie nicht dort gewesen, bis sie die Sehnsucht, das Meer und der Wind wieder hintrieben. Und jetzt ist sie endlich angekommen, blickt auf die Dünen, den Sand, die See, die Wellen, während Tochter und Mann den Lenkdrachen steigen lassen. Sie schickt mir Fotos von den beiden, wie sie mit ihren Händen die Schnüre festhalten und sich gegen den Wind und die Naturgewalt stemmen, die Füße im Sand vergraben. Rot, gelb, blau tanzen die Drachen in der Luft, als hätten sie ihre Freude an diesem Spiel, steigen stolz nach oben, schießen plötzlich mit Karacho herunter, bis sie kurz vor dem Boden gerade noch rechtzeitig in einer rasanten Kurve hochschwingen. Wieder und wieder drehen sie ihre Pirouetten in der Luft.

Drachen steigen lassen – das ist der Inbegriff von Kindheit, fest am Boden bleiben und sich zur gleichen Zeit von der Luft davontreiben lassen. Darin steckt der Traum vom Fliegen, ohne abheben zu müssen. Mit ganz einfachen Mitteln können wir etwas wieder spüren, das wir vielleicht lange nicht mehr erlebt haben: Lebendigkeit und Verbundensein.

Drachen zu basteln gehört für viele zu den frühen Kindheitserinnerungen. Man sieht das knittrige Transparentpapier vor sich, im Kindergarten, später dann dünne Äste aus dem Wald oder Latten aus dem Bastelbedarf. Anleitungen dafür von einfach bis meisterhaft gibt es auf vielen Kreativ-Plattformen im Internet. Das Einzige, was man schließlich noch braucht, ist der richtige Wind. Dann ist es zu jeder Jahreszeit eine Herzensfreude, das selbst gebaute Kunstwerk in den Himmel steigen zu lassen – ganz besonders natürlich an der Küste und im Herbst, wie in zahlreichen Kinderreimen und -liedern beschrieben.

An der Nord- und Ostsee findet man vielerorts einen weiteren beglückenden Ort: Drachenshops. Von Weitem erkennt man sie an den bunten Farben, drehenden Windrädern, Windspielen und Drachen aller Art: Adler, Marienkäfer, Fische sowie professionelle Lenkdrachen. Sehr beliebt und ein wundervolles Schauspiel sind auch Drachenflugfestivals, bei denen der Himmel voller verschiedener Flugobjekte ist, an denen man sich gar nicht sattsehen kann. Vor allem in Asien spielen Drachenparaden zu besonderen Anlässen eine wichtige Rolle, wie beim japanischen Neujahrsfest.

Die ersten urkundlich nachgewiesenen Drachen gab es im 5. Jahrhundert v. Chr. in China, vermutlich waren sie aus Bambusstangen gefertigt und verbreiteten sich mehr und mehr, als der teure Stoff durch Papier ersetzt werden konnte. Besondere Drachen durfte nur der Kaiser persönlich fliegen lassen. Je höher er stieg, desto besser konnten die Sorgen und Gefahren entschwinden, war man überzeugt. Wenn das so ist: Einen Versuch wäre es allemal wert.

Also mein Vorschlag: Wenn der Herbstwind ans Fenster klopft, den nächsten freien Hang oder Berg erklimmen und loslassen ... Bis dahin schon mal den Drachen entstauben und die Schnüre entwirren oder einen neuen bauen – in den allerschönsten Farben. Und sich vorstellen, wie wunderschön er bald fliegen wird.

64 Im Tretboot
Wer braucht schon Mississippi-Dampfer?

Von allen Schiffstypen, die auf meiner ursprünglichen Hitliste für diese Sammlung standen, hat es das Tretboot schließlich geschafft. Gratulation! Es hat die Nase vorn vor dem Ausflugsschiff auf dem Rhein (das ich gut kenne – auch einer dieser Orte, die man zu selten aufsucht), dem Übernachten auf einem Segelschiff (Tipp einer Freundin, allerdings habe ich da keine Erfahrungswerte, auch wenn es wunderbar klingt), dem Mississippi-Dampfer (zugegeben ein Sehnsuchtsort seit Huck Finn und Tom Sawyer, wiederentdeckt dank Davide Morosinottos großartiger *Mississippibande*). Auch das Zeesenboot am Ostseebodden mit seinen wundervollen rostroten Segeln hätte eine aussichtsreiche Chance gehabt, ebenso wie Hausboote, Autofähren und Ruderboote, doch für Letzteres fehlen mir die Muskeln.

Nun also das Tretboot.

Schon wenn sein Name fällt, singt eine Stimme in meinem Kopf im Achtzigerjahre-Sound von Seenot und Abendrot wie Fräulein Menke. Sofort bin ich bereit, wie die Singer-Songwriterin Anna Depenbusch, auf der Stelle mit dem *Tretboot nach Hawaii* aufzubrechen. Mary Poppins und ihrem Schornsteinfeger möchte ich es gleichtun und hineinhüpfen in mein Bild vom perfekten Sommertag ...

Da ist ein Park mit alten Bäumen, auf die man klettern kann, hinter verwunschenen Rosengärten liegt in der Mitte ein See. Und da ist ein Café. Auf einer verblichenen Eiskarte gibt es alles, was das Herz der Nostalgikerin begehrt: Kaffee, Tee und selbstgebackene Kuchen werden auf diesen weißen Spitzendeckchen aus Papier serviert, deren offizielle Bezeichnung ich nicht kenne und die die Do-it-yourself-Kreativ-Community zum Basteln für sich entdeckt hat. An einem kleinen Häuschen am Steg kann man Tickets kaufen für die Tretboote ...

Es wackelt verdächtig, als wir einsteigen und uns auf die Plastiksitze sinken lassen. Dann geht es los, wir treten in die Pedale, und das Boot schiebt sich schwerfällig durch das Wasser. Rauschende, rhythmische Geräusche gibt es von sich, ein bisschen wie eine Dampflok. Wir fahren um die Insel herum, die in der Mitte des Sees liegt, durch die schattige Ecke mit den herabhängenden Trauerweiden, die unsere Haare und Schultern berühren. Wo es schön ist, fahren wir langsamer, dort wird es still. Wir hängen die Hände ins kühle Nass und bewundern im Vorbeiziehen die blühenden Seerosen.

Boote, die mit Muskelkraft über ein Schaufelrad in Bewegung gesetzt wurden, gab es bereits in der Antike. Auch Skizzen Leonardo da Vincis zeigen ähnliche Ideen. Das erste Tretboot soll 1810 Joseph von Baader erfunden haben. Doch erst viel später, um die Jahrhundertwende, wurde dessen „Wasserschlitten" weiterentwickelt zum Wasserfahrrad. Auf eine solche Besonderheit hatte der wachsende Freizeitboom gewartet, denn dieses Gefährt war einfach zu führen, auch in der Stadt gab es kleine Seen. Zudem war es die perfekte Kulisse für ein Rendezvous mit der Dame des Herzens. Bis heute ist Tretbootfahren einen besonderen Ausflug wert und gehört ganz sicher zu den etwas vergessenen Orten, die man eigentlich viel öfter aufsuchen möchte. Für mich auf jeden Fall. Schiff, ahoi!

65 Unter blauem Himmel
Und dann und wann ein weißer Elefant

Hasen, Flugzeuge, ein Dampfschiff, Dinos und Adler – ich habe sie alle schon entdeckt oben am blauen Himmel. Wie weiße Watte flogen sie dahin, dabei hatten sie in meiner Fantasie so viele Farben.

Hach, es ist eines der schönsten Hobbys auf der Welt. Man kann es ganz allein für sich betreiben, auf einer grünen Wiese liegend, den Blick ins Blauweiße gerichtet. Aber zugegeben, besonders lustig und viel schöner ist es, wenn man sich gemeinsam mit anderen Zeit nimmt: zum Wolkenbildermalen.

Diese Kunstform beherrscht jede und jeder, junge und ältere Menschen, überall auf der Welt. Das einzige Talent, das man dafür braucht, ist Schauen und Träumen. Da die luftigen Hingucker sich innerhalb von Sekunden verändern, auflösen, immer in Bewegung mit Wind und Wetter weiterziehen, gibt es ständig neue Himmelsgebilde zu entdecken. „Schau nur!", rufe ich, „ein Nilpferd auf einem Einrad." Und dann kurze Zeit später jemand: „Ein riesiger Feldblumenstrauß!" – „Ach, nein, ein galoppierender weißer Elefant." An dem hätte der Dichter Rainer Maria Rilke seine Freude gehabt, der dem ungewöhnlichen Tier in seinem Gedicht *Das Karussell* den bekannten Vers aus der Titelzeile diese Kapitels widmete.

Die Wunderwolken entstehen durch die Sonne, die Wasser verdunsten und aufsteigen lässt, weiter oben angekommen kühlt es ab und kondensiert. Ein Vorgang, der Wissenschaftler und Maler verschiedenster Stilrichtungen und später auch die Fotokünstler gleichermaßen faszinierte. Der Impressionist Alfred Sisley bekundete: „Ich beginne ein Bild stets mit dem Himmel." 1803 klassifizierte der Londoner Pharmazeut und Chemiker Luke Howard die weißen Gebilde erstmals in seinem *Essay über die Modifikationen der Wolken* („Essay on the Modifications of Clouds"), den Johann Wolfgang von Goethe ins Deutsche übersetzte. Seiner Bitte, diesen anschaulich zu illustrieren, kam der deutsche Maler der Romantik Caspar David Friedrich nicht nach. Wirklich schade, was für eine schöne Vorstellung. Die ersten bebilderten Wolken-Atlanten wurden trotzdem Ende des 19. Jahrhunderts veröffentlicht. Jean-Baptiste Gustave Le Gray startete ungefähr zur gleichen Zeit als Pionier der Wolkenfotografie, was aufgrund der Belichtungszeiten eine schwierige Angelegenheit war. Durch die Montage aus verschiedenen Bildern gelang es ihm, befriedigende Ergebnisse zu erzielen.

Das Spiel mit den Wolken ist übrigens auf langen Autofahrten mit Kindern eine perfekte Beschäftigung. Wenn man Tiere- und Leute-Raten sowie Singen schon durch und alle verfügbaren Fünf-Freunde-Hörspiele gehört hat, dann ist Zeit, mal in Ruhe aus dem Fenster zu blicken (der Fahrer sollte natürlich nicht mitspielen). Und sind keine Wolken am Himmel zu sehen, weil es Abend ist oder das ersehnte Blau vom durchgängigen Grau übertüncht ist, dann kann man Wolkenformationen auf Internetplattformen wie Instagram unter den Hashtags *#wolken* und *#wolkenbilder* bestaunen. So lange, bis der nächste wunderweiße Elefant über den echten Himmel fliegt.

Viel Freude beim Träumen.

66 Im Bauwagen
Peter Lustig lässt grüßen

So ein Bauwagen ist ein Mysterium der besonderen Art. Sicher liegt es an Kindheitserinnerungen und Sendungen wie „Löwenzahn", in der 25 Jahre lang Moderator Peter Lustig in Latzhose und Nickelbrille zur unvergesslichen Intromusik aus einem solchen Mobil heraustrat und die Welt erklärte. In seinem geheimnisvollen Domizil gab es anscheinend alles, was man zum Leben und Werkeln braucht: Werkzeuge aller Art, Bücher, Essen, Trinken. Später löste ihn dann Fritz Fuchs mit seinem Hund Keks ab. Das Original des Bauwagens von Peter Lustig in Himmelblau ist allerdings erhalten geblieben für die Nachwelt, es steht auf dem Gelände des Filmparks Babelsberg.

Ein weiterer wichtiger und sympathischer Wagenbewohner – in diesem Fall eines Eisenbahnwaggons – war für Siebzigerjahre-Kinder der „Nichtraucher", der unglückliche ehemalige Arzt in der Erich-Kästner-Verfilmung *Das fliegende Klassenzimmer* von 1973, zugleich im Film „Blacky" Fuchsbergers bester Freund. Der spielte den Lehrer „Justus der Gerechte". In dem Kultfilm lebt der „Nichtraucher" in einem urgemütlich eingerichteten Waggon mit Bibliothek, Esstisch und gepflegtem Garten mit Zaun drumherum. Der Traum eines Kinderhäuschens in Perfektion, in dem man mit seinen Freunden die Sommerferien verbringen und vor den Eltern streng geheim gehaltene Detektivzentralen à la *Die drei Fragezeichen* einrichten kann. Weitere Varianten sind auch die schön geschmückten nostalgischen Zirkus-Wohnwagen, die beispielsweise von Roncalli bekannt sind. Wer diese nostalgisch anmutenden Exemplare nicht vor Augen hat, dem sei Googeln wärmstens empfohlen.

Auch als echte Baustellenfahrzeuge oder Schäferwagen bekannt, sind die mobilen vier Wände aktuell voll im Trend, da sie bestens zur Idee der *Tiny Houses* passen. Das Konzept vom nachhaltigen, ressourcen- und platzsparenden Wohnen auf wenig Raum und dennoch mit allem, was man braucht, kommt ursprünglich aus den USA. 15 Quadratmeter plus Stellplatz reichen für eine solche Wohnform aus.

Die alternative Hotelbranche hat die Wagenkultur ebenfalls längst für sich entdeckt. So kann man bereits vielerorts in einladend eingerichteten Exemplaren auf Wiesen und Feldern am Rande von Dörfern übernachten oder sich beim hippen Indoor-Camping eine thematisch passend gestylte Unterkunft aussuchen. Fehlt nur noch das Lagerfeuer unterm Sternenhimmel vor der Tür und den paar Stufen, und die Weniger-ist-mehr-Romantik ist perfekt.

Ein bisschen sehnsüchtig blicke ich daher auf liebe Autorenkollegen, die sich diesen Kindheitstraum vom eigenen Wohnwagen im Garten erfüllt haben. Dort sitzen sie behaglich, abgeschirmt vom Alltag, schauen aus dem Fenster und schreiben wundervolle Geschichten. Ach, träumen darf man ja!

67 Bei Oma und Opa
Bratkartoffeln zum Frühstück

Nichts müssen und am Leben teilhaben – das ist der Schlüssel zum Großeltern-Enkel-Glück. Denn was es bei Oma und Opa oft in Hülle und Fülle gibt, ist für die meisten Menschen ein kostbares Gut: Zeit.

Zeit, um lange auszuschlafen. Zeit, um zu spielen oder spazieren zu gehen. Zeit, gemeinsam Bücher anzugucken und Geschichten von früher zu hören, wie Oma und Opa damals mit ihren Freunden die Sommerferien verbracht haben – obwohl es nicht viel an Luxus gab, klingt es nach einem Riesenspaß. Wie Opa in die Lehre ging und dass Herr Bauer, der heute den besten Hefezopf der Welt backt (unangefochten!), damals mit 14 in der Backstube neben Opas Autowerkstatt lernte. Zeit, mit den beiden am Nachmittag alte Liebesfilme im Fernsehen zu gucken, die Papa „Schmonzetten" nennt, oder im Wohnzimmer zu tanzen, wenn Schlagersendungen kommen. Zeit, aufs Dorffest zu gehen, wo Limo ausgeschenkt wird, die anders heißt und schmeckt als die daheim. Zeit, mit Opa in seiner Werkstatt im Keller Schrauben zu sortieren (unfassbar, wie viele Größen und Arten es gibt), dort ein Stück Holz in den Schraubstock zu drehen und abzusägen, es glatt zu schmirgeln, einen Mast dranzumachen und das Schiff am nächsten Tag blau anzustreichen, Zeit, es in der Sonne trocknen zu lassen. Und Zeit, mit Oma zu kuscheln, bis man abends eingeschlafen ist.

Hier gibt es keine Schule, kein Ballett- oder Fußballtraining, keine Hausaufgaben und Klassenarbeiten, aber einiges zu tun, was den Alltag ausmacht. Hier kann man rumhängen,

Radfahren lernen und Doppelkopf oder hundert Runden Memory spielen und gewinnen. Zum Programm gehören Brötchenholen am Morgen, Laubrechen im Garten und sich danach in die Blätterberge plumpsen lassen. Wie das riecht! Und dann das Ganze noch mal und noch mal. Opa muss im Dorf Steine holen für Omas Hochbeet, die Enkel helfen dabei und machen eine Zeichnung, wie es aussehen soll.

Im Winter gibt es Bratkartoffeln zum Frühstück, dazu Graubrot mit selbstgemachter Erdbeermarmelade. Das ist Tradition und heißt nicht Brunch. So ein Wort kannte Omas Oma gar nicht. Die hat diese leckere Kombi nämlich erfunden, weil sie den Bauch wärmt und irgendwie alles andere auch. Oma kocht sowieso immer, was sich die Kinder wünschen. Das weiß sie eigentlich genau und fragt trotzdem vorher am Telefon nach, um bestens vorbereitet zu sein.

Oma kündigt oft an, was sie sich für den Tag vornimmt. Und dann kommt eben ein Gespräch mit der Nachbarin an der Tür dazwischen, die einen Rat braucht, jemand ruft an, oder es dauert einfach länger, spontan die alten Fotos im Album anzugucken und zu erklären, wer darauf zu sehen ist und wie sie mit allen verwandt sind. Deshalb verschiebt sie ihre Pläne. Morgen ist auch noch ein Tag – und eins gibt es ja reichlich bei Oma und Opa: Zeit. Siehe oben. „Als wir jung waren, so alt wie eure Eltern heute, hatten wir die leider auch nicht, es gab immer viel zu tun", seufzt Oma. Damals hatten sie ein Gasthaus, von ihren Großeltern übernommen. Die hatten wenig Geld und sind diesen mutigen Schritt gegangen. „Wer möchte noch ein paar Bratkartoffeln?", fragt Oma. Und dann erzählt sie von früher und von ihrer Oma und ihrem Opa ...

68 Auf der Eisbahn
Einfach dahingleiten

Ein bisschen ist es wie Schweben, Tanzen, Fliegen – der Inbegriff von Leichtigkeit. Und das erstaunlicherweise mit wattierter Jacke, Mütze und Wollhandschuhen. Das Eislaufen ist ein Vergnügen der besonderen Art und äußerst beliebte Winterfreude. Die berühmte Eisbahn vor dem Riesenweihnachtsbaum am Rockefeller Center in New York ist vielen sicher aus Hollywoodfilmen bekannt und ein Sehnsuchtsort für Christmas-Shopper aus aller Welt. Das ist natürlich nur eine von vielen Schlittschuhbahnen in der Millionenmetropole. Auch viele deutsche Städte haben nachgezogen.

In Berlin gleitet man zum Beispiel um den beleuchteten Neptunbrunnen am Roten Rathaus. Mit eigenen Schlittschuhen sogar umsonst. Die stillgelegte *Zeche Zollverein*, ein Wahrzeichen des Ruhrgebiets, wartet mit zahlreichen Kulturangeboten auf. Im Sommer ist dort ein Freibad, im Winter öffnet eine Eisbahn im Industriedesign zwischen Rohren und Kohleöfen. Mit über 4.000 Quadratmetern gehört die Eisarena in Hamburgs Parkanlage *Planten un Bloomen* zu den größten Europas. Und natürlich gibt es das Eislaufvergnügen auch indoor wie in der imposanten *Jahrhunderthalle* in Bochum. Auf den meisten Bahnen läuft Weihnachtsmusik zum Skaten, und es gibt Glühwein- und Punschbuden für alle, die sich zwischendurch aufwärmen möchten, und natürlich auch für die Zuschauerinnen, die lieber in Winterstiefeln stabilen Boden unter den Füßen behalten möchte und am Rand stehen und zuschauen. Was auch eine große Freude ist, da immer Läufer dabei sind, die elegante Pirouetten drehen und Eislaufprinzessinnen-Niveau haben.

Das schwebende Vergnügen kann man natürlich auch auf Naturseen erleben, falls die Temperaturen es erlauben. Die sozialen Medien sind voll von Videos. Natürlich ist Vorsicht geboten, dass der See auch wirklich sicher und fest zugefroren ist.

Übrigens gibt es bereits seit Ende des 19. Jahrhunderts Eislaufhallen, die ersten öffneten in Nürnberg und Frankfurt am Main, da für die damals aufkommenden Wettbewerbe trainiert werden musste. Prämiert wurden Figuren wie die besten Schlangenbögen, Dreier, Doppeldreier und Schlingen.

Apropos: Das Schlittschuhlaufen gilt sogar als älteste Wintersportart überhaupt. Archäologische Funde aus Skandinavien bezeugen, dass Menschen sich bereits in der Bronze- und Steinzeit Kufen aus Knochen und Horn unter ihre Schuhe banden, um unbeschadet zugefrorene Flüsse und Seen überqueren zu können. In den Niederlanden rasten Boten auf Schlittschuhen über die Kanäle, dies schon mit Metallkufen, um Post und Nachrichten schnellstmöglich zu übermitteln. Das schottische Edinburgh gilt als Ursprungsort des modernen Eislaufens, dort wurde 1742 der erste Eislauf-Klub gegründet. Der US-amerikanische Ballettmeister Jackson Haines, dessen neuartige Körperpositionen zunächst kritisiert und später frenetisch gefeiert wurden, gilt als Begründer des modernen Eiskunstlaufes. 1872 erschien schließlich das erste Standardwerk *Treatise on Skating*, in dem Standardfiguren detailliert beschrieben wurden.

Von Anfang an besonders beliebt war das Paarlaufen. Dabei konnte ein Herr seiner Herzensdame tatkräftig und im wahrsten Sinne des Wortes unter die Arme greifen und gemeinsam mit ihr übers Eis schweben. Geteiltes Glück ist ja bekanntlich doppeltes Glück.

69 Im Kräutergarten
Heilsam verbunden

Es duftet nach Zitrone und Thymian, der Salbei liegt weich und rau zwischen den Fingern, Bienen und Schmetterlinge schwirren um die Blüten der Duftnesseln, und wenn man an den Lavendelbüschen vorbeigeht, muss man einfach die Hand ausstrecken und darüberstreifen. Fast habe ich das Gefühl, als sei ich mitten in den Bergen der Provence, dabei stehe ich in einem Klostergarten. War ich jemals an einem Ort, der so wunderbar geduftet hat? Diese Oase fühlt sich an wie konzentriertes Leben. „Alles ist mit allem verbunden", wird die berühmte Pflanzenkundlerin und Mystikerin Hildegard von Bingen (1098–1179) zitiert. Und ein wenig habe ich das Gefühl, dieser Garten sei angelegt worden, um das ebenso minimalistisch wie eindrucksvoll unter Beweis zu stellen.

Ora et labora, so lautet die wohl wichtigste Regel des Benediktinerordens – „Bete und arbeite". Beide Tätigkeiten der Mönche und Nonnen waren perfekt im klösterlichen Kräutergarten zu vereinen. Erstens gab es hier zu jeder Jahreszeit etwas zu tun, damit man die Pflanzen optimal nutzen konnte – für die eigene Versorgung in der Klosterküche. Kräuter enthalten ja jede Menge Vitamine, Mineralstoffe, ätherische Öle und Spurenelemente. Zudem haben viele von ihnen besondere heilsame und die Gesundheit unterstützende Wirkungen. Schon damals wusste man, dass Thymian die Schleimlösung bei Husten begünstigt, Salbei Entzündungen im Mundraum heilt, Schafgarbe kam in der Gynäkologie zum Einsatz. Und zudem war der Klostergarten der ideale Ort der Ruhe und Einkehr, der Wiederanbindung mit der Natur. Die Benediktiner sahen in ihm auch einen Ort, um die sogenannten monastischen Tugenden zu erlangen, etwa Demut und Aufrichtigkeit.

„Pflege das Leben, wo du es triffst." Auch dieser schöne Satz ist von der Äbtissin Hildegard von Bingen überliefert. Im Kräutergarten pflegt man wirklich das Leben in seinen kleinsten Formen, die zarten Wurzeln und zum Teil winzigen Blättchen und Blüten von Pflanzen, die erstaunlicherweise eine große Kraft entfalten. Was die Kenntnisse darüber betrifft, so erlangte Hildegard, das jüngste von zehn Kindern einer adligen Familie, einen großen Wissensstand, den sie in ihren Büchern festhielt. Bis heute arbeiten Forschende auf der Basis ihrer Erkenntnisse über die Wirkung und Einzigartigkeit der Natur. *Viriditas*, Grünkraft, lautet der lateinische Begriff, mit dem sie das Wachsen, das allen Lebewesen innewohnen soll, bezeichnete.

Viele Klostergärten wurden in symmetrischen Karrees und bewusst als Mischkulturen angelegt. Zwischen Bohnen, Minze, Salbei, Liebstöckel und Fenchel konnte man auch Lilien und Rosen finden. Die Klöster betrieben neben dem Heilkräutergarten immer auch Gemüseanbau, wo Gewürze wie Petersilie und Dill und Schwarzkümmel ebenso Platz fanden wie Obstbaumkulturen.

Um das Credo der multiplen Wirksamkeit der Kräutergärten auf Körper und Seele nachempfinden zu können, muss man nicht gleich eine ganze Anlage einrichten und bewirtschaften. Kräuterglück liefert auch eine Kräuterspirale, ein Hochbeet, ob klein oder groß, oder eine kleine Kräutertreppe auf dem Stadtbalkon. Die Freude, der Duft und Genuss, mit der Hand über die wohlriechenden Pflänzchen zu streifen und sie in der Küche oder für Tees zu verwenden, sind nicht geringer, nur weil die Anbaufläche kleiner ist.

70 Auf dem Weihnachtsmarkt
Glühwein, Punsch und viele Sterne

Ich wärme meine Hände an einer Tasse mit heißem Glühwein, am Stand daneben schiebt der Maroniverkäufer seine Esskastanien auf dem heißen Blech hin und her. Ihre Schale ist bereits aufgesprungen. Weiter hinten lachen Kinder auf einem Karussell. Man kann die Musik hören und Lichter blinken sehen. Dazwischen erstreckt sich eine lange Reihe von Holzbuden über den Marktplatz, die besondere Waren anbieten: Spekulatius, in historischen Formen gebacken, gibt es neben Seidenschals, handgezogenen Kerzen, Krippenfiguren, weihnachtlichen Seifen, regionalen Souvenirs, bunten Strickmützen, Brot aus dem Steinbackofen, Servietten und Senfsorten aus einer nahen Mühle. Über allem hängen Lichterketten und rote Sterne. Willkommen auf dem Weihnachtsmarkt.

Gerne suche ich jedes Jahr nach einem neuen Stand mit besonderen kleinen Geschenken. Ganz sicher bleibe ich vor der Hütte mit dem nostalgischen Blechspielzeug stehen. Ziehe Tiere auf, lasse den Specht an der Stange hacken oder Lokomotiven über die Auslage fahren. Sie erinnern an die früheren Zeiten der Weihnachtsmärkte. Bereits im 13. und 14. Jahrhundert gab es Wintermärkte, auf denen Bauern vor allem Lebensmittel für die dunklen, kalten Monate verkauften. Darüber hinaus waren die regionalen Verkaufsmärkte auch Treffpunkte der ansässigen Händler. So kamen Stände mit Getränken, Maronen und Süßwaren, dem damaligen Zuckerzeug, dazu. Zum direkten Verzehr vor Ort. Handwerker boten Holz- und Spielwaren als Geschenke für die Kinder an. Als erster richtiger

Weihnachtsmarkt gilt der Dresdner *Striezlmarkt* im Jahr 1434. „Striezl" ist das Dresdner Wort für Stollen, für den erwirkten die Dresdner übrigens beim Papst persönlich die Erlaubnis, trotz Fastenzeit mit Butter zu backen.

Mit der Reformation im 16. Jahrhundert änderte sich der Brauch, dass der Heilige Nikolaus die Geschenke brachte. Das übernahm fortan auch das Christkind zu Weihnachten. So wurden die Wintermärkte zu Christkindlmärkten, der bekannteste ist der Nürnberger, der inzwischen jedes Jahr rund zwei Millionen Besucher anzieht. Bis zur Gründung der Warenhäuser in den großen Städten boten die Weihnachtsmärkte die Möglichkeit, bei örtlichen Händlern Geschenke zu besorgen. Von Deutschland aus verbreitete sich die Idee weiter in europäische Städte und in andere Länder.

Viele Märkte warten heute mit Superlativen auf – von der malerischsten Kulisse über den höchsten Baum, den größten Adventskranz, die erste Strandweihnacht. Doch das Schönste sind wie zu ihren Gründungszeiten die kleinen Dinge, die zauberhaft geschmückten Plätze, die regionalen Spezialitäten und das Zusammensein mit lieben Menschen. Wenn man dann noch zum Licht der Laterne schaut und plötzlich leise und sanft Schneeflocken vom Himmel fallen, ist der Weihnachtsmarkt-Wintertraum perfekt.

71 Am Abendbrottisch
Was war heute am schönsten?

Das Abendbrot scheint eine deutsche Erfindung zu sein. Das Bäckerhandwerk mit der Vielzahl an verschiedenen Teigen, Brötchen und Brotsorten hat zwischen Flensburg und Oberammergau eine große Tradition. Zudem war es lange verbreitet, als letzte Mahlzeit am Tag Butterbrot mit Wurst oder Käse sowie Beilagen wie sauren Gurken oder Radieschen zu essen. Wahrscheinlich existieren auch in keiner anderen Sprache so viele Begriffen für belegte Brote wie im Deutschen. Es gibt Schrippen, Stullen, Semmeln, Bütterken, Schnittchen, Bemmen und wahrscheinlich noch viel mehr.

Ich mag Brot sehr gern – und ebenso das abendliche Zusammensitzen, bei dem jeder sich seine Scheibe schmiert und den Belag selbst zusammenstellt. Das ist etwas anderes, als das Essen fertig zubereitet serviert zu bekommen. Das Abendbrot wird Schritt für Schritt fertiggestellt, um dann Stück für Stück abgeschnitten oder abgebissen zu werden. Die Abendbrotkultur verbreitete sich vor allem seit den 1920er-Jahren, als mehr und mehr Menschen in Industriebetrieben Arbeit fanden und in den Werkskantinen Mittagessen bekamen, sodass die warme Mahlzeit abends zu Hause ausfiel.

In Frankreich und den Mittelmeerländern kommt das Brot eher als Vorspeise oder zum warmen Essen dazu. Aufgrund der heißen Temperaturen wird dort im Sommer oft erst spät, also nach 20 Uhr, gekocht und gegessen. Das warme Essen am Abend gilt im Süden Europas als Hauptmahlzeit des Tages, bei der die Familie am Tisch zusammenkommt und lange isst und sich austauscht. Ein Brauch, den viele Deutsche inzwischen übernommen haben. Studien schätzen, etwa ein Drittel der Haushalte. Ein Zeichen dafür, dass die Lebens- und Arbeitsbedingungen stetig im Wandel sind. Heute arbeiten viele Erwachsene ganztägig außer Haus, und die Kinder werden mittags in Kindertagesstätten und Ganztagsschulen versorgt.

So bleibt der Abend der Zeitpunkt, an dem Familien, Freunde, Nachbarn an einem Tisch zusammenkommen und berichten, was an „ihrem" Tag so alles los war – ob nun beim klassischen „Abendbrot" oder bei einem anderen Abendessen. Da es aber auch Tage gibt, die nicht so laufen, die einen sogar richtig fordern und an die eigenen Grenzen bringen, möchte man manchmal gar nichts davon erzählen, um den negativen Erlebnissen nicht auch noch zum Feierabend Raum zu geben. Oder man hat wirklich nichts Besonderes erlebt.

Dafür kann man auch Fragen aufschreiben und in einem Marmeladenglas aufbewahren – Ergänzung jederzeit möglich. Daraus kann jeder eine Frage ziehen und beantworten. Meine persönliche Lieblingsfrage habe ich von Barack Obama übernommen. Er berichtete einmal, dass er tagsüber seine Familie vermisste, sie aber nach der Arbeit nicht noch mit Politik langweilen wollte. Daher stellten sie jeden Abend beim Essen die Frage: „Was war heute am schönsten?"

Egal, ob es das Lächeln der Bäckereiverkäuferin war, ein freundlicher Fahrgast im Bus, ein Eis in der Mittagspause, die Tatsache, dass unerwartet die Sonne herauskam und durchs Bürofenster fiel, dass im Garten eine Rose aufgeblüht war oder ein alter Freund sich nach Jahren wieder meldete – irgendetwas Schönes gibt es immer. Ganz bestimmt.

Zum Nachahmen wärmstens empfohlen! Am Wochenende, an Feiertagen und im Urlaub, wenn alle vermeintlich das Gleiche erlebt haben, macht es besonders viel Spaß.

72 AM BAHNHOF
REISEN, DASS DIE SEELE MITKOMMT

Bei vielen Coachings und Achtsamkeits-Workshops taucht die Geschichte von den europäischen Forschern auf der Himalaya-Expedition auf. Nach einer Rast drängten sie zum Weitergehen, während die einheimischen Träger einfach sitzen blieben. Auf Nachfrage, warum sie nicht kommen, antworteten diese: „Wir warten, bis unsere Seelen nachkommen." Erst dann konnte es weitergehen.

Wenn ich überlege, wie ich selbst und viele um mich herum oft durch den Alltag rennen – ohne die schönen Blumen an einem Laden an der Ecke zu sehen, ohne uns eine Verschnaufpause im Café zu gönnen, ohne zum Beispiel am Anfang oder Ende einer Reise in Ruhe unsere Sachen zu packen und zu sortieren –, wird mir bewusst, wie viele Gelegenheiten wir jeden Tag verpassen, unsere Seele nachkommen zu lassen.

Dieses schöne Bild fiel mir wieder ein, als ich für dieses Buch meine Gedanken zum Zugfahren und zu Bahnhöfen aufschreiben wollte. Das Reisen mit der Bahn ist eine gute Möglichkeit, dass auch unsere Gedanken und Empfindungen es schaffen, parallel mitzureisen, sodass wir bei uns sind und „ungeteilt" an unserem Zielort ankommen können.

In diesem Sinne sind Bahnhöfe, egal ob sie am Anfang, als Zwischenstopps oder am Ende einer Reise stehen, gute Orte, um innezuhalten und Pausen zu machen, bevor es im Leben weitergeht. Erst recht, wenn man ärgerlicherweise einen Anschluss verpasst hat. Ich weiß selbst, wie stressig und nervig das sein kann, aber gleichzeitig ist es auch nicht zu ändern. Auf einmal hat man ungewollt Zeit und strandet länger als geplant an einem Bahnhof.

Kürzlich in Mannheim, ich war lange nicht dort gewesen, fuhren meine Schwester und ich nach einem wunderbaren gemeinsamen Wochenende – wir waren noch nie zu zweit verreist – in verschiedene Richtungen weiter. Ich war ziemlich müde und hatte eigentlich gar keine Lust, bei Regenwetter am Abend hier zu warten. Lustlos streifte ich durch das mir unbekannte Untergeschoss des offensichtlich umgebauten Bahnhofs, als ich an einem Teeladen vorbeikam. Die asiatische Verkäuferin lächelte mich freundlich an, daher entschloss ich mich spontan, mir meinen Lieblingstee für den nächsten Morgen im Büro zu besorgen.

Die junge Frau war gerade dabei, einen Tee für eine Gruppe ebenfalls gestrandeter Fahrgäste zuzubereiten, die auf Teekisten saßen. In aller Ruhe empfahl sie ihren Kunden eine Kräutermischung mit Orange, erklärte mit geringen Deutschkenntnissen und strahlendem Gesicht, wie magenfreundlich und überhaupt wohltuend diese sei.

Ich zögerte innerlich, fast überlegte ich, wieder zu gehen, mir fehlte eindeutig die Muße, dieses Teezubereitungszeremoniell abzuwarten. Die Verkäuferin schüttete Tee in hellbraune Tonkannen ohne Deckel und schwenkte sie in sprichwörtlicher Seelenruhe hin und her. Dann füllte sie etwas Tee in einen fünften Becher und drückte ihn mir wortlos lächelnd in die Hand.

Ich versuchte erneut zu erklären, dass ich nichts trinken, sondern nur hundert Gramm Grüntee kaufen wolle, was sie erneut mit einem freundlichen Nicken bestätigte. Also blieb mir nichts anderes übrig, als abzuwarten – und Tee zu trinken. Er schmeckte wunderbar! Das leicht fruchtige Aroma und die Wärme breiteten sich wohlig in mir aus, während die

Verkäuferin weiter Kannen aufgoss, schüttelte und lächelte. Als sie ihre Gäste bewirtet und den von mir gewünschten Tee abgefüllt hatte, schenkte sie mir wie selbstverständlich noch einen weiteren Riesenbecher der Orangen-Kräuter-Kreation ein. Ein Geschenk, für den Weg.

Gerührt bedankte ich mich, schnappte meinen Tee und eilte nach oben zum Gleis, wo der Zug bereits wartete. Der halbe Liter reichte tatsächlich, bis ich zu Hause ankam. Beim Aussteigen war mir aus mehreren Gründen warm ums Herz, und meine Seele und ich waren angekommen.

73 In den Weinbergen
Wo die Echsen flitzen

„Wie wäre es mit einem Spaziergang?", frage ich. Es ist September, ein wunderbarer Spätsommertag. Das Licht ist golden, die Sonne steht nicht mehr gleißend über uns wie noch vor wenigen Wochen. Inzwischen wärmt sie sanft die Haut und lässt uns auftanken, bevor es kälter wird. Ich muss mal raus!

„Wir könnten in die Weinberge gehen." Bei meiner Familie hält sich die Begeisterung auf meinen Vorschlag hin in Grenzen: In die Weinberge? Was soll denn da Besonderes sein? Hmm, das weiß ich auch nicht genau. Nur, wenn ich dort vorbeifahre, sieht es immer so schön und besonders aus, wie die einzelnen Rebstöcke da hintereinander am Hang stehen, drumherum gehen Wege in Serpentinen, auf denen ich ab und an Menschen sehe. Ich möchte auch mal eine von ihnen sein.

Einen Versuch ist es wert. Einfach mal machen. Schauen, was uns dort erwartet. Ob sich der Sehnsuchtsort mit der Wirklichkeit deckt. Um die Antwort vorwegzunehmen: Ja, das tut er.

Die alten knorrigen Weinstöcke geben ihm seine Struktur. Hintereinander stehen sie in Reih und Glied Spalier und ziehen uns mit nach oben, den steilen Berg hinauf. Ihre Blätter färben sich bereits gelb und kündigen den Herbst an. An ihren dünnen Rebästen hängen die reifen Früchte, wie wir nehmen sie noch einmal die Sonnenstrahlen in sich auf, bevor in den nächsten Tagen die Lese im Weinberg beginnt. Weiter oben, eine Serpentinenkurve weiter, stützen graue Bruchsteinmauern den nächsten Hang.

Wir brauchen einen Moment, bis wir sie entdecken – winzig kleine Echsen, die auf den warmen Steinen liegen und sich sonnen. Jetzt beginnt ein langes Vergnügen. Wer sieht die nächste? Wie viele sind das? Klettern sie vielleicht auf unsere Jacke oder sogar auf den Finger? Wir beobachten, wie immer wieder neue Tiere aus den Ritzen zwischen den Steinen hervorlugen und auch dort wieder verschwinden. Den ganzen Nachmittag geht das so, solange die Sonne die Steine wärmt. Auf den unzähligen Fotos, die wir von ihnen aus allen Richtungen und Perspektiven machen, sehen sie aus wie Krokodile. Das bringt uns zum Lachen und lässt uns Abenteuergeschichten erfinden. Was wir heute alles erlebt haben!

Als wir beim Abstieg aus den Weinbergen auch noch die ersten glänzenden Kastanien des Jahres sammeln, sind die Glücksstunden perfekt. Die erste Kastanie aufzuheben und mitzunehmen nach Hause, durch den Winter – am besten in der Tasche oder Jacke –, ist nämlich eine Tradition meiner Mutter.

Es ist kein Zufall, dass Weinberge auch in der Bibel ein wiederkehrendes Motiv sind, sowohl im Alten als auch im Neuen Testament. Der Weinberg steht für das Volk, für alle Menschen, die miteinander wachsen, verbunden sind. „Ich bin der Weinstock; ihr seid die Reben. Wer in mir bleibt und ich in ihm, wird viel Frucht bringen", wird Jesus zitiert (Johannes 15,5). Ein sehr schönes Bild, finde ich. Eine Welt für sich, die wächst und gedeiht, jeder Weinstock für sich und alle in Gemeinschaft. Weinberge sind immer Sonnenorte, das liegt in der Natur der Sache. Und es gibt jemanden, der für alle sorgt, sich kümmert, kraftraubende Triebe und Laub entfernt, die Reben bindet, Trauben erntet und Saft und Wein aus ihnen keltert.

Beim Schreiben über Weinberge fallen mir plötzlich noch einige andere ein, die mir bereits begegnet sind – und ich ihnen. Als Erstes natürlich die in meiner pfälzischen Heimat an der Deutschen Weinstraße, zum Teil flach in der Ebene liegend, sodass man weit schauen kann; mancherorts muten sie an wie eine italienische Hügellandschaft. Bei ähnlich mediterranem Klima. Später folgten die Weinberge Rheinhessens, die ich im Studium kennenlernen durfte, auch dank meiner lieben Freundin und Mitbewohnerin mit Weingut und Straußwirtschaft in der Familie. Sehr zur Freude der sich bei uns durchessenden und durchtrinkenden Kommilitonen. Dann der kleine, feine Weinberg im Sonneneck in Sachsen-Anhalt, zu DDR-Zeiten ein Künstlerheim, an dessen Fuß sich Saale und Unstrut treffen. Hier durfte ich wundervolle Feste feiern, rebenumrankt, mit Blick auf den Naumburger Dom. Und natürlich die in der jahrhundertealten Kulturlandschaft Toskana, auch so ein Sehnsuchtsziel für viele Menschen. Im 10., 11. Jahrhundert pflanzten Mönche die ersten Rebstöcke. Dünne Zypressen und ewige Olivenbäume knarren zwischen den Hängen trocken im Wind, ein scheinbar unendliches Gemälde aus Gelb und Grün. Von dort schrieb ich einmal poetisch:

Sie sagen, das Salz
sei vom Himmel.
Süß blüht es unter
Oleander und Bougainvillen.
Ewige Olivenstämme
knarren trocken im Wind,
während die Bars am Ufer
müßig kommen und gehen.
Die Wellen schlagen den Takt aller Tage.
Am Abend fließt
Wein violett
aus den Bergen ins Tal.

74 In der Stadt
Sehen und gesehen werden

„Heute gehe ich in die Stadt." – Die Bedeutung dieses Satzes verstehen vermutlich nur Leute, die schon einige Zeit auf dem Land wohnen oder – wie ich – dort aufgewachsen sind. Irgendwie scheint sich die dahinterstehende Sichtweise einzubrennen ins innere Gedächtnis, denn auch als ich mitten in Städten wohnte, betonte ich: „Morgen gehe ich in die Stadt."

In dieser Aussage schwingt vieles mit. Erstens ist natürlich konkret das Zentrum gemeint, die Innenstadt. Dann das, was man dort tut: bummeln, gucken, Sachen anschauen, anprobieren, verwerfen, im Café sitzen, den Gesprächen am Nachbartisch lauschen und den ganzen Tag auch andere beobachten, die eben dieselben Dinge tun.

Ein Begriff ist ganz eng damit verbunden: das Flanieren. Klar, man kann auch in die Stadt gehen, um dort gezielt etwas zu erledigen oder zu besorgen. Aber man kann sich auch treiben lassen – vom Strom einer Stadt. Von ihren Gerüchen, Geräuschen, vom Kinderlachen vom Spielplatz, den individuell eingerichteten Läden mit ein oder zwei Stühlen vor der Tür, die zum Verweilen einladen, vorbei an den Parks und Grünanlagen, wo Leute in der Mittagspause mit hochgekrempelter Anzughose barfuß auf der Wiese liegen und man sich ausmalen kann, was und wo sie wohl arbeiten.

Zu einem Stadtbesuch gehört es natürlich auch, in der Buchhandlung zu stöbern, Cappuccino zu trinken, über den Markt oder durch Feinkostabteilungen zu schlendern, wo man leckeren Käse oder Brot probieren kann. Sich zu freuen über die Farben am Gemüsestand, sich zu wundern über schön verzierte Häuser, die einem noch nie zuvor aufgefallen sind – erst heute, weil die Sonne anders stand oder jemand ganz oben genau in diesem Moment das Fenster öffnete, als man vorbeiging.

Am Springbrunnen sitzen zwei Spatzen, beim Baden spritzen sie sich nass, vor dem Restaurant befreit die Bedienung die Tische aus den Ketten und stellt Blumenvasen in die Mitte. Im Laden daneben flattern Sommerkleider, die, wie ein Blick ins Fenster zeigt, viel zu teuer sind. Trotzdem schön. Eine Straße weiter wohnte ein Komponist, seinen Namen habe ich schon mal gehört. Ich stelle mir vor, wie er morgens hier aus dieser Tür trat und über diese Pflastersteine ging. Nachts brannte dann noch lange Licht in seinem Fenster. Vielleicht. Damals stand hier schon das Reiterdenkmal in der Mitte des Platzes. Als es enthüllt wurde, gab es ein Riesenfest. So wie heute. Eine Liveband geht zum Soundcheck auf die Bühne. Was würden die Ohren des Komponisten wohl davon halten? …

Das Flanieren ist eine europäische Tradition. Nicht zufällig kommt der Begriff aus dem Französischen. Der „Flaneur" ist laut Wikipedia derjenige, der – wie beschrieben – beim Spazierengehen schaut, genießt und planlos umherschweift. Er spielt auch eine bedeutende Rolle in der Kunst und Literatur. „Der Flaneur ist das Auge der Stadt, das auf die Stadt schaut und durch das die Stadt auf sich schaut", heißt es im Ankündigungstext des Kunstmuseums Bonn zu einer Ausstellung. Auch wenn uns der Begriff altmodisch erscheint, lohnt es sich doch, mal wieder zu flanieren, anstatt gehetzt durch die Stadt zu gehen. Finden wir dabei unsere Lieblingsplätze und Inspirationen im bunten Stadtleben, ist Zeit, sich hinzusetzen und bei einem Getränk das Leben zu beobachten. Flanieren lässt es sich nämlich auch bestens im Sitzen.

75 Wieder zu Hause
Willkommen bei mir

Der Schlüssel dreht sich im Schloss, ich drücke die rote Holztür auf und schiebe den Koffer in den dunklen Flur. Es riecht ganz anders als sonst. Irgendwie unbewohnt, angestaubt, unbelebt. Als hätte die Luft zu lange stillgestanden in der Küche, direkt nebenan, niemand hat sie durchwirbelt und Leben in die Bude gebracht. Ich gehe ins Wohnzimmer. Dort ist es genauso. Zeit, die Jalousien hochzuziehen und frischen Wind hereinzulassen. Zimmer für Zimmer, Fenster für Fenster. Eine Böe lässt die Balkontür auffliegen und die Haustür zu.

Dann bahnt sich die Nachmittagssonne ihren Weg durch den Garten und die Fenster, sie wärmt die Couch. Für einen Moment nehme ich Platz, ein bisschen fühle ich mich in der eigenen Wohnung wie eine Fremde. Die Geschichten von der Reise habe ich noch im Ohr, sie klingen in mir nach – die von den Begegnungen unterwegs und die aus den Lautsprechern im Auto von der Fahrt. Und dann sind da die Bilder im Kopf, die Häuser, Landschaften, Menschen, der alte Leuchtturm, die Brücke, das verträumte Café. Fast nicht vorstellbar, dass zur selben Zeit, während ich hier sitze, das Meer an den Strand rauscht und der italienische Eisverkäufer seine Glocke läutet. Die Urlaubsbekanntschaften, die länger vor Ort geblieben sind, werden gleich überlegen, wo sie zum Abendessen hingehen. Vielleicht zu Luigi oder doch noch etwas einkaufen und es sich auf der Terrasse der Ferienwohnung gemütlich machen.

Ein Blick in den eigenen Kühlschrank verspricht nicht viel, irgendwo müssen noch Nudeln sein im Regal, der Streukäse wird es richten. Zusammen mit dem Wein aus der Toskana. Auch wenn ich weiß, dass er ganz anders schmecken wird als in dem kleinen Hof zwischen den alten Mauern in San Gimiano.

Ein bisschen wehmütig bin ich, aber auch froh, wieder hier zu sein. Meine Arbeit hat mir gefehlt, die Familie, die Freunde, die Bekannten, die ich beim Bäcker treffe. Die Ferien sind vorbei, all die Erinnerungen, die Farben und Düfte, die vielen Eindrücke habe ich mitgebracht, Kraft und Neues getankt. Morgen werde ich mein Notizbuch herausholen, die Zettel und Karten darin sortieren und meine Erlebnisse auf Papier bringen. Sie in Worten festhalten. Vielleicht.

Ich gehe hinaus zum Auto, hole die restlichen Taschen und verbliebenen Sachen. Mein Blick fällt auf die Bank vor dem Eingang. Dort wartet eine Schüssel mit Tomaten, sicher von der Nachbarin. Ich hebe sie an die Nase, sie riechen nach Ferien – und nach Zuhause, beides zugleich. Auf dem Zettel daneben steht:

„Reiche Ernte dieses Jahr. Lasst sie euch schmecken.
Willkommen daheim."

Moment noch!
Von Herzen: Danke!

Mindestens genauso sehr wie besondere Orte liebe ich Danksagungen! Deshalb muss auch in dieses Buch eine rein.

Die Idee, neben meinen Romanen ein erzählendes Sachbuch über das Glück zu schreiben, hat mich schon seit einiger Zeit umgetrieben, immer wieder flossen Gedanken, Bilder, Episoden dazu aufs Papier. Leicht und bunt und lebensfroh sollte es sein – ein Reiseführer durch den Alltag. Vermeintlich unauffällige, einfache Orte, die uns ständig umgeben und unseren Tag hell machen und reich, rückten sich immer wieder dafür ins Blickfeld, suchten ihre Bühne.

Als ich schließlich bei einem Sommertreffen mit meiner wunderbaren Agentin Petra Herrmanns in einem Café in Frankfurt wieder davon anfing und ihr sagte, dass ich das Konzept einfach weiterverfolgen müsse, hatte sie diesen großartigen Gedanken, und der lautete *adeo* …

Den besonderen Verlag kannte ich als Leserin und schätzte ihn sehr für seine hochwertigen Bücher. Dass *adeo* übersetzt „ich nähere mich, ich besuche, ich bereise, ich wende mich fragend an …" bedeutet, war mir damals nicht bewusst – aber wenn das nicht passt …!

Nun ist es so weit, das Buch ist fertig und kann zu den Leserinnen und Lesern. Dass dies möglich war und ist, dafür mein herzlichster Dank an …

- ❀ das großartige Verlagsteam, allen voran Programmleiterin Sarah Koller, die Ahrenshoop und Bonn gut

kennt und sich sofort eingelassen hat auf diesen anderen Reiseführer durchs Leben. Herzlichen Dank für den offenen, sympathischen und stets zugewandten Austausch!
- meine liebe Lektorin mit dem schönen Namen Renate Hübsch für ihre tolle Arbeit, ihr Sichreindenken in meine Bilder und Geschichten, die Fragezeichen zwischendurch und ganz besonders für ihr allererstes Feedback, in dem sie schrieb: „Leichtigkeit und Inspiration, ganz ohne dass einen die Muse küssen oder eine himmlische Vision überfallen muss." Oh! So eine Reaktion hatte ich mir sehr gewünscht!
- die beiden Grafiker, Andreas Sonnhüter und Immanuel Grapentin, für das wunderschöne Cover und die zauberhaften Illustrationen auf den Innenseiten. Danke, dass ihr den Worten und Geschichten in diesem Buch ein Gesicht gebt und eure Bilder an die Seite stellt.
- meine oben bereits erwähnte Literaturagentin Petra Hermanns, die allerbeste Fürsprecherin und Türöffnerin. Dafür, dass sie da ist, an mich glaubt, mich stärkt und mich immer professionell mit Rat und Tat unterstützt!
- Stephi, meine liebe, so sehr verbundene Autorenkollegin und Freundin Stephanie Jana, ach, ohne die ich wahrscheinlich nie, wirklich nie!, den Mut gefasst hätte, Bücher zu schreiben, und mit der ich hoffentlich noch viele wunderbare, herzerwärmende und beglückende Projekte gemeinsam realisieren, begleiten und Millionen Tränen mit ihr lachen und weinen darf. Am liebsten vor Glück!
- Alexandra und Birgit, die mich immer wieder zwischendurch mit „Alltagsglück"-Inspirationen zu Orten

und Momenten versorgt und mir ihre Gedanken dazu geschickt haben. Liebsten Dank für alles Stärken und Pushen und für eure Freundschaft!
- wie immer von Herzen: meine „Männer", die mich durch jedes Buch tragen, mich als Zweifelnde und Jubelnde ertragen – durch schmale Täler, üppige Wiesen und über unbezwingbar scheinende Berge, die es bei jedem Schreibprozess zu durchwandern gilt. Und für alle ehrlichen Kommentare, samt Prusten und Lachen. Letzteres ist beim Schreiben – und auch generell – so wichtig!
- und dann noch Svenja, meine liebe Freundin, mein Rücken- und wärmender Sommerwind; die sich immer auf meine verrückten Ideen einlässt, die Gedanken und Worte mit mir hochfliegen lässt, um sie wieder aufzufangen und zu sortieren – und die mir kürzlich nach einer Textprobe aus diesem Manuskript schrieb: „Wenn man deine Texte liest, will man immer sofort mit dem Leben anfangen ..."

Wenn das noch einigen anderen so geht ... mehr kann ich mir für dieses Buch nicht wünschen!

Daher: Meine liebe Leserin, lieber Leser!
Von Herzen: Danke.

Meine ganz persönlichen Orte im Alltag
Zeit, innezuhalten und aufzutanken

Bestimmt hast du es schnell gemerkt: Dieses Buch ist überhaupt kein *Das-musst-du-unbedingt-machen-Buch* und auch kein *Wenn-du-da-noch-nie-warst-ist-es-kein-Wunder-dass-du-nicht-glücklich-bist*-Buch. Es will an keiner Stelle sagen, dass man irgendetwas muss! Es will Impulse geben und Geschichten erzählen, Geschichten von unerwarteten und besonderen Glücksmomenten, und auf diese Weise Erinnerungen hervorlocken an eigene Wohlfühlorte. Vielleicht warst du ja lange nicht mehr dort, aus welchen Gründen auch immer. Bestimmt ist der eine oder andere für dich sogar gleich um die Ecke. Wäre doch schön, wenn du mal wieder vorbeischaust. Oder einfach neue entdeckst.

    Dazu noch eine kleine Geschichte: Auf einer Geburtstagsfeier erzählte mir mal ein Gast, dass er mit seiner Frau irgendwann einmal einen Deal abgeschlossen habe. Er gilt in Fällen, wenn sie eine bisher unbekannte neue Stadt besuchen und kennenlernen, in der sie noch nie waren. Irgendwo auf der Welt. Sollte diese auf den ersten Blick wirklich hässlich und gar nicht malerisch oder beeindruckend wirken, dann bleiben sie so lange, bis sie irgendetwas Schönes gefunden haben. Das kann ein alter Baum sein, eine Bank vor einem Laden, ein Ausblick. Ganz egal. Vorher fahren sie nicht weiter ... „Und?", fragte ich neugierig. „Gelingt das immer?"

    „Es gibt immer etwas Schönes, und wenn es am Ortsausgang hinter der Tankstelle ist. Wer sich auf die Suche begibt, kann es sicher entdecken!"

In diesem Sinn also: Viel Freude beim Finden, Entdecken, Sehen, Sicherinnern und Wiederfinden!

Meine persönlichen Wohlfühlorte und Entdeckungen:

....

....

....

....

....

....

....

....

....

....

....

....

....

....

Neue Weiten im Leben entdecken ...

Rainer Haak
Die Fischerhütte im Irgendwo
Gebunden · Schutzumschlag
128 Seiten
€ 14,95
ISBN 978-3-86334-389-7

 Auch als eBook erhältlich

Tom ist frustriert. Er nimmt sich eine Auszeit in einer alten Fischerhütte, fernab der Zivilisation. Glücklicherweise ist er aber nicht völlig allein in der Wildnis. Unerwartete Begegnungen bereichern ihn und bringen ihn auf neue Gedanken. Und nicht zuletzt sind da noch die geheimnisvollen Briefe von G. Er stellt Fragen, die Tom herausfordern, sich neu auf die Suche nach der Farbe in seinem Leben zu machen. Eine leichtfüßige Erzählung rund um den Sinn des Lebens und die eigene Sehnsucht nach Weite.

Leseprobe unter www.adeo-verlag.de
Erhältlich im Buchhandel oder unter www.adeo-verlag.de

Über die Kraft der Freundschaft

Titus Reinmuth
Mit dir wird es leichter
Gebunden
13,5 x 21,5 cm · 192 Seiten
€ 18,–
ISBN 978-3-86334-326-2

Auch als eBook erhältlich

Tim und Sarah sind alte Freunde. Und sie teilen alles aus ihrem Leben per Messenger-Nachrichten. Das Schöne, den Alltag, die großen Fragen. Die Krankheit, die Liebe, die Trauer, das Glück, sich selbst. Im Miteinander entdecken sie neu, woran sie glauben und was sie zum Leben brauchen.

Ein fesselnder Dialog über ein ganzes Jahr. Und ein besonderes Buch über die große Kraft der Freundschaft.

„Ein Buch, das zeigt, wie wichtig Freundschaft ist
und wie sie hilft, Schweres zu überstehen."
Evangelisches Sonntagsblatt aus Bayern

Leseprobe unter www.adeo-verlag.de
Erhältlich im Buchhandel oder unter www.adeo-verlag.de

Copyright © 2024 adeo Verlag
in der SCM Verlagsgruppe,
Berliner Ring 62, 35576 Wetzlar

Zitatabdrucke mit freundlicher Genehmigung von:
S. 22: Hilde Domin aus: Dies., Sämtliche Gedichte, Frankfurt:
S. Fischer, 5. Aufl. 2011, S. 47.
S. 46: Till Eitel: Mit freundlicher Genehmigung des Autors.
S. 55 f: Mit freundlicher Genehmigung der Bremischen Evangelischen Kirche.
S. 61: Thich Nath Han aus: Ders., Das Wunder der Achtsamkeit, 1988, Theseus Verlag in Kamphausen Media, Bielefeld.

Der Verlag hat sich bemüht, die Inhaber aller Rechte ausfindig zu machen; dies ist leider nicht in allen Fällen gelungen. Sollte dem Verlag gegenüber dennoch der Nachweis der Rechtsinhaberschaft geführt werden, wird diese selbstverständlich in branchenüblicher Weise abgegolten.

1. Auflage 2024
Best.-Nr. 835380000
ISBN 978-3-86334-380-4

Umschlaggestaltung: Andreas Sonnhüter ·
grafikbuero-sonnhueter.de
Umschlagmotiv: Tinna widianti, Eisfrei,
Daria Ustiugova (shutterstock.com)
Kapitelillustrationen: Prokhorovich · Shutterstock
Kapitelillustration Karussell: Melok · Shutterstock
Satz: Greiner & Reichel, Köln
Druck und Verarbeitung: Finidr
Printed in Czech Republic

www.adeo-verlag.de